JN439503

나에게 주는 꽃다발

한정순 수필집

나에게 주는 꽃다발

한정순 수필집

1판 1쇄 인쇄/ 2018년 11월 10일
1판 1쇄 발행/ 2018년 11월 15일

지은이 / 한 정 순
펴낸이 / 우 희 정
펴낸곳 / 도서출판 소소리

등록 / 제300-2007-21호
주소 / 03073 서울 종로구 성균관로 5길 39-16
전화 / 765-5663, 010-4265-5663
e-mail: sosori39@hanmail.net
www.sosori.net

값 12,000 원

ISBN 979-11-5891-114-0 03810

*이 책은 한국예술인복지재단 창작준비금의 지원을 받아 발간하였습니다.

한정순 수필집

나에게 주는 꽃다발

책을 내면서

가을이 깊어갑니다.

다래끼 하나 허리에 차고 가을걷이하시던 어머니처럼, 저도 글밭 여기저기 흩어져있던 글들을 모아 다래끼에 담아봅니다.

설익은 것도 있고, 수확의 시기를 놓쳐서 제 맛을 잃은 것도 있습니다.

그래도 아까워서 버리지 못하고 다 주워 담았습니다.

적절한 수식어를 사용하여 문학성 있는 글은 쓰지 못하고, 질그릇 같은 투박함으로 진정성을 담으려 노력했습니다.

입에 착착 감기는 맛이 없습니다. 많이 부족합니다. 어여삐 봐 주시기 바랍니다.

2018. 10월

저자 **한 정 순**

▸차 례

▸책을 내면서

1. 나에게 주는 꽃다발

향기로운 사람 —· 13
그 섬에 내가 있었네 —· 17
천세송 —· 21
캘리포니아의 등뼈 —· 26
소심 세 송이 —· 31
벽 하나 사이 —· 34
가을의 길목에서 —· 38
추사(秋史)를 감동시킨 옥수수 —· 42
나를 유혹하던 너 —· 46
너도 울고, 나도 울고 —· 49
나에게 주는 꽃다발 —· 53

2. 나우루, 그리고 우리

빛으로 그린 그림 —· 59

내 고향 구둔역 —· 64

엘 캐피탄과 하프 돔 —· 69

채움이가 왔어요 —· 73

날고 싶던 소망에 행운까지 —· 78

내 몸 길들이기 —· 83

내장사의 가을 —· 87

나는 지금도 흔들린다 —· 91

내가 새라면 —· 94

그래도, 만년 청춘 —· 97

나우루, 그리고 우리 —· 101

3. 빗장 푸는 여자

엔젤 아일랜드 —・107
되로 주고 말로 받다 —・111
멘탈(Mental) 피서 —・116
두 친구 —・119
뉴스 보기가 무섭다 —・122
뭍도, 바다도 아닌 섬 —・126
만 원의 행복 —・129
북한산 둘레길 —・133
불청객 —・137
혼놀족 —・140
빗장 푸는 여자 —・145

4. 캘리포니아 일기

평심루(平心樓)에서 평심을 —· 151
동백(冬柏) —· 155
웃지 못할 해프닝 —· 159
짐 없는 삶은 없다 —· 162
갈등(葛藤) —· 166
캘리포니아 일기 —· 171

1.

나에게 주는 꽃다발

그때는 삼태기 속과 같이 평화로운 곳에서 30여 호가 오순도순 살았다. 사방이 산으로 둘러싸였고, 오로지 마을 앞으로 난 마차길 하나가 세상으로 향하는 통로였다. 봄이면 버들피리 만들어 불며 냇가에서 뛰놀던 소년·소녀들. 지금은 다 노인이 되었겠지만, 나는 여전히 가난에 찌들었던 그때 그 시절이 그립다.

향기로운 사람

눈을 감고도 장미인지, 백합인지 구분할 수 있는 것은 향기다. 사람에게도 저마다 향기가 있다. 더불어 사는 세상에서 향기 있는 사람으로 살면 좋겠다.

주위를 둘러보면 아름다운 향기를 풍기는 사람이 있다. 자기 옷을 사면서 못사는 친구가 생각나 고가의 옷을 고르지 못하고 중저가로 둘을 사서 나누어 입는 사람이 있는가 하면, 자기에게 있는 것을 나누고 격려하면서도 더 주지 못해 미안하다고 말하는 사람도 있다.

창작수필문인회에서 문학 탐방을 하러 갔을 때다. 자기 고향을 찾아온 문우들에게 그곳의 특산품인 햇밤을 비롯해 여러 가지 곡식과 딸기잼까지 풍성하게 안겨준 문우가 있었다. 그래서 기분 좋은 여행길에 행복을 덤으로 안고 오기도 했다. 이렇게 나누기를 즐기는 사람은 행복해 보인다.

내가 산책하는 정발산공원에는 커피 할아버지가 있다. 일정한 자리에 앉아서 언제나 만나는 사람들에게 쉬었다 가라며 인스턴트커피를 권한다.

남해가 고향인 그 할아버지는 아들만 둘을 두었는데, 큰아들은 서울에 유학을 시켰고, 둘째는 형편상 부산에 있는 대학에 보냈단다. 그런데 큰아들은 아직 변변한 직장도 결혼할 아가씨도 없고, 지방대학을 나온 둘째 아들은 서울에 있는 꽤 괜찮은 회사에 특채되어 직장도 나가고 결혼할 아가씨도 있다고 한다. 할아버지는 6년 전에 부인과 사별하고 혼자 살았다. 어느 날 작은아들이 "아버지 올라오셔서 저하고 같이 살아요." 하기에 아들이 사는 일산으로 오기는 했지만, 평생 살던 정든 고향을 떠나와 보니 타국과 같아서 외롭기는 마찬가지더란다.

그런 아버지의 속마음을 어찌 알았는지 아들이 카메라를 사주면서, "집에만 계시지 말고 산에도 가고 고궁도 다니며 아버지가 좋아하는 사진이나 실컷 찍으세요." 하고는, 인스턴트커피와 보온병에 과자까지 사가지고 와서, "이것을 가지고 산에 가셔서 만나는 사람들에게 한 잔씩 나누어 주며 친구를 사귀어보세요." 하더라는 것이다. 보기 드물게 참 잘 자란 청년이다. 그래서 그의 목에는 언제나 동반자처럼 카메라가 매

달려있고, 커다란 배낭에는 커피와 보온병, 생수와 과자, 책도 한 권 들어있다.

요즘 세상에 모르는 사람이 커피를 준다고 덥석 받아 마실 사람은 드물다. 하지만, 그분에게서 커피를 마시고 간 어느 부부는 초복날 삼계탕까지 해 와서 대접했단다. 세상이 각박한 것 같아도 이렇게 따뜻한 마음들이 있으니 살맛 나는 세상 아닌가.

일주일에 한 번은 서울에 있는 복지관에서 서예를 배우기도 한다던 그가 하는 말이 "내 나이 올해 칠십인데 아직 비행기를 못 타봤어요. 그래서 아들한테 이야기했더니 그럼 제주도라도 다녀오시죠, 하더니 글쎄 대만으로 보내준대요." 하면서 활짝 웃는다. 그의 주름진 얼굴에 행복이 가득하다. 이틀 뒤에 떠날 거라며 기대에 부풀어 있던 그. 집에 들어가면 여자처럼 집안 살림을 다 한다면서도 불만 없는 표정이다. 마음을 비운다는 것이 이런 것인가 싶다. 참으로 향기로운 부자간이다.

나도 그 할아버지에게서 커피를 서너 잔 얻어 마셨다. 성격이 소탈하고 솔직해서 그런지 모르는 사람에게도 속내를 잘 털어놓는다. 그의 소박한 성품은 외모보다 멋지다. 내게 없는 사람 냄새다. 서푼짜리도 못 되는 자존심으로 똘똘 뭉쳐진 나는 남에게 속을 보이지 않을뿐더러, 알량한 식견으로 주제넘게 판단하거나 비판하기 일쑤다. 정발산공원에서도 그가 저만치 보이면 외면하고 돌아서 가곤 했다.

그런데 오늘은 그가 비행기를 타고 여행을 가면서 발아래 펼쳐진 구름바다를 보고 황홀해 할 것을 생각하니 공연히 나까지 기분이 좋아진다. 주변을 배려하는 좋은 사람들의 뒷모습에서는 언제나 장미나 백합보다 고운 향기가 난다.

언젠가 친구와 함께 꽃구경하면서 "나도 작은 꽃밭 하나 있으면 좋겠다."고 했더니, "몰랐어? 나는 늘 네 마음의 꽃밭에서 향기를 맡는데…." 하며 웃던 말이 생각난다. 재치 있는 친구의 유머인 줄 알면서도 은근히 기분 좋았던 적이 있다. 이처럼 상대에게 사랑을 담은 말 한마디를 나누는 것도 향기로운 일인데, 나는 그러지 못하고 살았다. 돈이나 힘이 드는 것도 아닌데….

(2017. 9)

그 섬에 내가 있었네

『그 섬에 내가 있었네』는 사진작가 김영갑 선생의 수필집 제목이다. 그의 책을 읽으면서 제주도에 갈 꿈을 키웠다. 제주도는 가서 살고 싶은 곳이기도 하다.

지난가을부터 허리와 다리에 이상이 생겨 걷는 것이 힘들었다. 겨우내 물리치료 및 약물치료를 병행하면서 병원 다니는 것이 일과였다. 다리가 아파서 걷기가 어려워지자, 그렇게 가보고 싶던 올레길도 못 가보고 마는 것이 아닌가 하는 불안감이 들었다. 겨울이 가고 봄이 왔다. 어느 정도 걸을 수 있게 되었다. 하루는 친구를 만난 자리에서, "나 제주도에 가고 싶어." 했더니, "그럼, 우리 가자!" 한마디로 의견의 일치를 보고 떠날 준비를 했다. 비행기 표는 지난해 미국 다녀온 마일리지로 예약하고, 최소한의 경비와 각종 약과 한방 파스까지 챙겨 들고 길을 나섰다. 예약하고 길 찾는 것은 친구의 몫이었다.

제주도를 처음 가본 것은 삼십 년 전쯤이다. 삶이 버거워 여행이라고는 전무했던 내가 비행기도 처음 타본 데다가, 야자수가 어우러진 중문단지는 외국에 온 느낌을 주어서 얼마나 감동했는지 모른다. 그날의 감동을 지금도 잊지 못하고 있다. 그래서 지금도 제주도는 가서 살고 싶은 곳 제1순위에 있다.

제주공항에 내리자 시내버스를 타고 갤러리 '두모악'으로 향했다. 한라산의 옛 이름이기도 한 '두모악'에는 김영갑 선생의 흔적이 있기 때문이다. 그도 사진을 찍으러 제주도에 왔다가 한눈에 반해서 평생을 제주의 오름과 구름, 바다와 바람을 주제로 사진을 찍고 인화하면서 예술혼을 불살랐던 사람이다. 생계 수단도 없이 밥을 굶으면서도 눈만 뜨면 카메라를 메고, 들로 산으로 바다로 돌아다니며 자연과 교감하면서 셔터를 눌렀던 사람이다. 거처가 없어서 중산간지역에 버려진 초가를 은신처로 삼고 필름 살 돈이 없어 허덕이면서도, 제주의 매력에 흠뻑 빠져서 사진 예술을 사랑했던 사람. 그 결과 인사동에서 전시회도 여러 번 했고 좋은 호평도 받았지만 섬을 떠날 생각은 전혀 없었다고 한다.

어렵사리 찾아간 '두모악'에는 입구에서부터 예술적 분위기가 물씬 풍겼다. 폐교였던 삼달분교를 개조하여 갤러리로 꾸미고, 20여 년간 찍어서 간직했던 작품들을 전시하면서 이름이 세상에 알려졌다. 그뿐이 아니다. 어린아이들이 뛰어놀던 운동장에는 수많은 이야기를 담은 또 다른 작품세계로 변신시켰다. 십만 명 중 한두 명에게 발생한다는 약도 없는 불치병과 싸우면서 자신의 작품세계를 작은 낙원으로 여겼다던 그. 천신만고 끝에 2002년에 갤러리 문을 열고, 겨우 3년을 더 살다가 생을 마감했다. 얼마나 애착이 컸으면 유골을 갤러리 마당에 묻어달라고 유언했겠는가. 주인 없는 작품들에서도 쓸쓸한 바람만 휑 휑 불었다.

언젠가 인왕산 산행 중에 높은 바위 위에 간신히 뿌리를 내리고 꽃을 피운 진달래를 보았다. 그 팍팍한 삶이 어찌나 나를 닮았든지 쉽게 발길이 떨어지지 않았다. 그와 같이 사진 예술에 영혼을 빼앗겼던 '두모악' 주인도 지나친 비약일지 모르지만, 인왕산 진달래처럼 목마르고 서러운 삶이 아니었을까? 세상에 왔던 흔적으로 사진 예술은 꽃을 피웠지만, 결혼도 못해보고 부모 가슴에 못을 박았다. 그를 생각하며 갤러리 뒤편에 있는 무인 카페에서 씁쓸한 커피 한 잔씩 마시고 다음 목적지를 향해 무거운 발걸음을 옮겼다.

삼박 사일 동안 걷고 또 걸어도 집이 그립지 않았다. 유채의 화려함도 그랬지만, 사려니 숲에서는 서어나무, 때죽나무, 산딸나무, 삼나무, 편백 등 다양한 수종과 함께 꽃냄새, 풀냄새, 흙냄새까지 발길을 잡았다. 이 숲에서 단 하룻밤만이라도 살아보았으면 하는 간절함도 있었다. 또 물은 얼마나 좋던지 샤워만 해도 온천욕 한 것 같았다. 이 자연의 혜택을 누리는 제주도 사람들이 부럽기까지 했다.

여자 둘이 배낭 하나씩 달랑 메고 대중교통을 이용하여 가보고 싶은 곳을 찾아다니는 것은 고생을 동반했지만, 만만치 않은 즐거움이기도 했다. 어느 때는 마땅하게 식사할 곳을 찾지 못해 컵라면으로 끼니를 때우기도 했고, 이름난 식당을 찾아 2㎞쯤 걸어갔으나 점심시간이 지났다고 팔지 않아 지친 발걸음을 돌리기도 했다. 하지만, 비가 오면 오는 대로, 파도 치면 치는 대로 감사하는 마음으로 걷던 여행길은 오래도록 잊지 못할 추억이다. 지금 생각해도 배낭여행할 용기가 있다는 자체가 젊음이라 여겨진다.

그렇게 가보고 싶던 올레길 6~7코스도 체력의 한계를 느껴 완주하지 못한 것이 아쉬움으로 남아있다. 그래서 나는 다시 꿈꾼다. 제주의 올레길을.

(2016. 10)

천세송

천세송이 보고 싶어서 집을 나섰다. 떠도는 풍문만 믿고 무작정 자하문 터널 입구에서 내렸다. 그러나 안내판 하나 없어 찾을 길이 없다. 하는 수 없이 길 건너 서울미술관 매표소로 가서 물어보았다. 그랬더니 "입장료를 내고 들어가셔서 미술품을 관람한 후 3층 옥외로 나가시면 됩니다." 하는 것이 아닌가. '아니, 살아있는 소나무를 보겠다는데 왜 미술품을 관람하래?' 하면서도 그래야 한다기에 울며 겨자 먹기 식으로 입장했다.

말대로 미술품을 둘러보고 3층 옥외로 나갔다. 그런데 이게 웬일인가. 가을이 깊어 거리의 가로수들은 잎을 다 떨었는데, 부암동 골짜기는 한마디로 만산홍엽이다. 바위와 어우러진 가을 풍경이, 추경(秋景)산수화를 보는 듯하다. 옛날 그

옛날에는 호랑이도 나왔음직한 산세다.

바위로 병풍을 둘러친 골짜기는 가을빛으로 황홀한데, '천세송' 홀로 푸른빛을 휘감고, 독야청청이다. 반가움 반 설렘 반으로 다가가 보니, 밑동에서 두 자 반쯤 올라가 사방으로 뻗은 가지는 대칭이 아주 멋스럽다. 대부분 소나무는 올곧게 올라가는데 이것은 다르다. 중심이 되는 굵은 가지는 세월의 더께만큼 근육질이고 남성적이며, 우람한 몸집에서 뿜어져 나오는 기운이 예사가 아니다. 그 자태가 어찌나 믿음직스러운지, 고관대작의 별서(別墅)인 석파정을 지키던 수문장의 영혼이 아닌가 싶다. 한동안 마음을 빼앗기고 섰는데, 어느 사진 동호회에서 들이닥쳐 시끌벅적하다.

천세송은 서울시 지정 보호수 제20호다. 그가 '천세송'이라 불리게 된 것은 문봉선 화백이 이 소나무를 수묵화로 화폭에 담고 '독야청청 천세를 보다'란 작품명으로 서울 미술관에서 서너 달 동안 전시회를 했었기 때문에 붙여진 이름이 아닌가 싶다. 천년을 살라는 염원에서라면 누가 마다하겠는가.

천세송은 석파정 바로 옆에 있다. 그의 무대가 되는 석파정(石坡亭)은 조선 말 철종과 고종 때의 중신 김흥근, 조영해의 별서로 사용하던 근대 유적으로, 인왕산 동북쪽 바위산 기슭에 자리했다. 후일 흥선대원군 이하응이 인수하여 별서로 사용하다가, 대원군 사후 50여 년간 그 후손이 관리해오던 것을 현재는 석파문화원 소유다. 그래서 산기슭에 있는 소나무를 보는데도 입장료가 필요했던 거다.

소나무에 관심이 있어 지지난 주에도 경북 예천으로 '석송령'을 보러 갔었다. 그는 천연기념물 제294호요, 수목으로서는 드물게 토지와 재산을 가진 부자 나무다. 동서로 뻗은 가지의 폭만 봐도 나이를 짐작하리만치 크며, 울안에는 방문객을 위한 정자까지 지어놓았다. 그러나 어찌 된 일인지 해산한 산모처럼 푸석하고 생기가 없다. 관리 소홀인지, 중병이 들었는지, 그도 아니면 나이 많아 기력이 쇠했는지, 영양실조에 걸린 노인 같다. 명성에 비해 실망스러웠다.

석송령은 풍기지방에 큰 홍수가 났을 때 석관천을 따라 떠내려가던 어린 소나무를 지나가던 과객이 건져서 심어주었다고 한다. 그것이 잘 자라서 마을의 수호신처럼 되자 이 마을에 살던 이수목이라는 사람이 석송령(石松靈)이라 이름을 지어주고, 자기 소유의 토지 2천여 평까지 물려주었다고 한다. 그리고 언젠가 고 박정희 대통령께도 500만 원을 하사받았단다. 그것으로 어려운 가정의 아이들에게 장학금도 주고 재산세도 내면서 의로운 나무로 600여 년을 살고 있다.

그런가 하면, 경북 청도군 운문면 운문사의 처진 소나무도 잊을 수가 없다. 지난여름 한국문인협회에서 수필의 날 행사 후 들렀던 곳이다. 천연기념물 제180호인 '처진 소나무'는 반

송이라고도 부른다. 반송은 어느 스님이 잠시 이 절에 머물다 가시면서 시들어 죽어가는 소나무 가지를 심었다는데 그것이 살아서 이렇게 잘 자랐다는 전설을 가지고 있다. 키는 작아도, 초록빛이 선명하고 잎이 반질반질하며 아름답기로는 연예인 못지않아 카메라 세례도 많이 받는 것을 보았다.

그는 500살의 나이가 느껴지지 않을 정도로 건강하다. 대가람 안마당에서 날마다 부처님의 설법을 듣고 득도했는지 겸손하게 땅만 본다. 어느 가지 하나 오만하게 하늘을 치받지 않는다. 그 자태에 반해 가을에 다시 오마고 약속했건만, 해가 다 가도록 가지 못했다. 소나무에 대해 매력을 느끼게 된 것도 이때부터다.

그러고 보면 천연기념물 제103호인 속리산의 '정2품송'도 빼놓을 수 없다. 서너 해 전에 눈의 무게를 이기지 못하고 큰 가지가 부러지는 아픔을 겪기도 했지만, 생김새로 본다면 훤칠한 키에 갓을 깊이 눌러 쓴 모습이 여전 청렴결백한 선비 같다. 나이가 약 800살이라니 단연 맏형이다. 지난 2001년에는 삼척에 사는 500살이나 어린 미인송과 혼례식도 올리고, 인공수정으로 58그루의 2세도 생산했으며, 그중의 하나는 올림픽공원에서 '정이품 장자목'으로 자라고 있다. 이 또한 명품 소나무가 아닌가.

그가 정2품의 벼슬을 받게 된 것은, 세조가 어린 조카 단

종을 폐위시키고 왕위에 오른 후 집권 내내 피부병으로 고생했다고 한다. 전국의 이름난 약수와 온천을 찾아다니던 어느 날 법주사로 가기 위해 이 소나무 밑을 지나게 되었는데 소나무 가지로 인해 가마가 지나갈 수 없게 되자, 세조가 고개를 내밀고 "무엄하구나! 연(輦) 걸린다." 하고 꾸짖자 소나무 스스로 가지를 번쩍 들어 올려 지나갈 수 있었다고 한다.

이를 기특히 여긴 세조가 소나무에 친히 옥관자(옥으로 만든 망건(網巾)를 걸어주고 정이품의 벼슬을 내려 지금까지 '정이품송' 혹은 '연걸이송'이라 불리며 보호받고 있다. 이처럼 이름난 소나무도 여럿이다.

우리 중에 소나무를 싫어할 사람은 하나도 없을 것이다. 소나무를 좋아하는 이유 중의 하나가 눈 속에서도 그 색이 변치 않아 절조가 굳은 사람으로 비유되기 때문이다. 그래서 많은 화가의 화폭에도 담겼고, 오래 산다 하여 십장생(十長生)의 하나로도 손꼽히지 않던가. 우리의 산을 푸르게 지키는 소나무가 무성하여 더욱 아름답게 빛나기를 빌어 본다.

(2013. 8)

캘리포니아의 등뼈

귀국할 날을 사흘 앞두고 아들 가족과 함께 일찍 집을 나섰다. 반영이 아름다운 호수를 지나 해발 3천 미터가 넘는 야영장에 주차한 시간은 밤 11시가 넘어서다. 야영하겠다는 아들에게 "잠만은 호텔에서 편히 자고 가지?" 했더니, "호텔에서 자고 아침에 이곳까지 올라오면 내일 엄마에게 보여드리고 싶은 곳을 다 보여드릴 수가 없어서 그래요. 하룻밤만 고생하세요." 하는 것이 아닌가. 할 말이 없었다.

이곳은 워낙 고산지대여서 오월 말부터 시월까지만 입산할 수 있단다. 개장 첫날이라 그런지 야영장에는 아무도 없고, 주위는 칠흑같이 어둡다. 우뚝우뚝 솟은 나무들도 공포 분위기다. 음식물을 차에 두면 곰의 습격을 받을 수 있다고 야영장에 비치된 보관함에 넣는 것을 보니 더욱 으스스하다. 그런데 아들은 삼십 분쯤 올라가면 별 사진 찍기에 아주 좋은 장소가 있다면서 카메라에 삼각대까지 둘러메고 길을 떠났다. 플래시 하나 들고서. 마침 그믐밤이라 딱 좋다나.

다행히 캠핑카는 아니지만, 차가 커서 뒷자리를 펴니 앞에 네 자리를 두고도 세 사람이 누울 수 있는 잠자리가 되었다. 나보고는 걱정하지 말고 자라고 했지만, 곰의 출몰도 그렇고 아들도 걱정되어 잠이 오지 않았다. 자려고 애를 쓰다가 일어나 운전석 옆자리를 젖히고 비스듬히 누워서 하늘을 보았다. 눈길 갈 곳이 하늘밖에 없다. 그런데 주먹만큼 큰 별 하나가 한 시 방향에서 반짝인다. '저게 별 맞아?' 혼잣말을 하고 비행기 불빛인가 하여 자세히 살펴보니 하늘이 온통 보석밭이다. 누가 이리 아름다운 보석을 뿌려놓았을까? 오색찬란하다. 그제야 아들의 행동이 이해가 되었다.

손자와 손녀는 다른 곳에서 학교에 다니다가 이번 여행에 합류하려고 지난밤을 꼬박 새워서 각자 운전하고 온 터라 그 불편한 자리에서도 코를 골며 잘도 잔다. 그렇게 얼마가 지났을까. 아들의 플래시 불빛이 보였다. 반가움에 나도 얼른 핸드폰을 열어서 흔들었다. 아들이 돌아오고서야 안심하고 잠자리에 들었다.

아침에 깨어보니 뽀얀 안개가 살포시 내려앉았다. 더욱 고요한 느낌이다. 밤사이에 옆에 차 세 대가 늘었다. 잠잘 때는 침낭이 좋아서 추운 줄 몰랐는데, 밖에 나와 보니 아들의 오리털 점퍼를 껴입었어도 덜덜 떨렸다. 옥수 같은 개울물이 철철 흐르건만 추워서 손도 못 대보고 물티슈로 고양이 세수를 했다. 서둘러 아침밥을 지어 먹고 손자가 기르는 강아지까지 데리고 등반에 나섰다.

물길을 거슬러 올라가는 계곡이지만, 우리나라 계곡과는 완전히 다르다. 폭이 넓고 기복도 심하지 않아 걷기에는 수월하다. 산속으로 깊숙이 들어갈수록 고사목들이 마치 조각공원처럼 널려있다. 각기 다른 모습으로 자연으로 돌아가는 풍경이다. 등반하다가 생리현상을 해결하려면 땅을 30㎝쯤 파고 거기에다 볼일을 본 후 다시 흙으로 덮어 놓아야 한다는 나라다. 철저한 국민 교육이 산속에서도 휴지조각 하나 보이지 않는다.

즐겁게 흥얼거리며 첫 번째 호수에 이르렀다. 겨우내 얼었던 설산에서 봄이면 눈과 얼음이 녹아내려 이 골짜기에 강 같은 호수를 만들며 지나간단다. 이렇게 높은 곳에 호수가 있는 것도 경이로운데 물빛 또한 얼마나 고운지 감탄사가 절로 나온다. 그렇게 설산을 향해 삼십여 분쯤 올라가면 그만한 호수가 있고, 또 올라가면 또 있었다. 네 번째 호수에서는 숨도 차고 다리도 후들거려 주저앉았다.

그런 나를 보고 아들은 "엄마는 여기서 잠시 쉬고 계세요.

우리만 얼른 올라갔다 올게요." 했지만, 그럴 수는 없었다. 목적지를 지척에 두고 포기한다면 아들도 서운하겠지만, 나도 3분이 못 가서 후회할 것이다. 어미에게 좋은 풍광을 보여주겠다고 어제 종일 달려와 차에서 쪽잠을 자고 새벽같이 올라왔는데 싶으니 더욱 포기할 수 없었다. 그래서 아들의 손을 잡고 다시 일어섰다.

나도 그렇지만, 아들도 산을 좋아한다. 해서 멕시코국경에서 캐나다 국경까지 가는 '퍼시픽 크레스트 트레일' 완주가 아들의 꿈이기도 하다. 약 반년이 걸려야 한다는 롱 트레일에서 자신을 시험해보고 싶단다. 그 코스의 일부는 몇 번 갔었지만, 아직 완주하지 못했다고 기회가 오면 꼭 한 번 시도하겠단다. 지금 우리가 가는 이곳도 빙산의 일각이지만, 그 트레일 코스 중의 일부라고 한다.

드디어 다섯 번째 호수에 이르렀다. TV에서만 보던 히말라야를 닮은 거대한 설산들이 둘러섰다. 해발 사천 미터가 넘는 산들이다. 여름이 가까워지면 눈과 얼음이 녹아내려 계곡에 크고 작은 자연 호수를 수없이 만드는 설산들이다. 그래서 겨울 외에는 비 구경을 못 하는 캘리포니아주의 생명수가 되기도 한단다. 제일 먼저 올라간 우리는 설산과 호수를 배경으로 삼각대를 세워놓고 '만세'를 부르며 사진을 찍었다. 고요한 산속에 '만세' 소리가 메아리쳤다.

그런데 호수 가장자리에는 우리나라 개울가에서 봄을 알리는 버들개지가 눈을 뜨고 있었다. 그것이 얼마나 반갑던지 말을 걸었다. “너는 하도 추워서 키도 못 컸구나.” 그래도 봄인 줄 알고 솜털 옷을 입고 배시시 웃는 모습이 기특했다.

설악산 대청봉도 못 가본 내가, 캘리포니아주 등뼈에 해당하는 시에라네바다 산맥에 발을 디뎠으니 어찌 감동하지 않을까. 어디선가 요들송이 들리는 듯하다. 손자도 굵직한 바리톤으로 제 전공을 살려 한 곡 뽑는다. 따라서 우리도 환호하며 박수로 응했다.

손이 시리도록 차가운 호수에서 설산을 닮은 작은 돌멩이 하나를 건져 가방에 넣고는 다음 목적지를 향해 발길을 돌렸다. 호수를 세 개쯤 내려오다가 뒤돌아보니, 설산의 장엄하던 자태는 간 곳이 없고 눈발이 성큼성큼 뒤를 따라오고 있었다. 야영했기에 설산의 속살까지 제대로 감상할 수 있었던 행운의 날이다. 가슴 뿌듯했다. 내 생 어느 갈피에 이런 페이지도 있어서 호사를 누리나 싶었다.

(2015. 6)

소심 세 송이

철골소심이 꽃을 피웠다. 대부분의 동양란이 그러하듯 가늘고 긴 잎이 부드럽게 휘어진 사이로 꽃대를 밀어올리고, 세 송이가 활짝 웃는다. 처음 내게 올 때도 그렇게 셋이 웃으면서 왔다. 그리고는 6년 9개월 동안 한 번도 웃지 않았다.

소심이 우리 집에 오게 된 연유는 수필집 『언제 또 올래』를 출간했을 때다. 친구들이 축하의 의미로 보내준 것이다. 그런데 꽃이 지고 난 뒤에는 영 꽃을 피우지 않았다. 영문을 몰라 인터넷에서 물 주기와 관리법을 배우고 그대로 따라 한다고 했는데도 그는 막무가내였다. 그렇다면 필경 문제가 있음인데 나로서는 소심의 속내를 알 길이 없었다. 기다리다 지쳐서 한쪽 구석에 밀쳐 두었다. 친구들의 성의를 생각해서 버릴 수도 없었다. 그 화분에서 더부살이하는 고양이 밥만

주인 행세를 하며 노란 꽃을 피우고 있었다.

가마솥더위도 물러가고 시원한 바람이 불자 베란다 청소를 하면서 화분들을 옮기다 보니 이게 웬일인가? 푸대접받던 소심이 연둣빛 꽃망울 세 송이를 달고서 기세 좋게 고개를 반짝 들고 있지 않은가. 깜짝 놀랐다. 그 놀람 속에는 미안함도 섞여 있었다. '꽃도 피우지 않으니 내다 버릴까?' 하는 생각을 했었기 때문이다.

그런데 기대하지 않았던 자식이 효도한다던가? 포기상태였던 난 화분에서 꽃을 보게 되니 횡재한 기분이다. 어찌나 반가운지 화분을 끌어당겨 더부살이로 빽빽하게 자리 잡고 있던 고양이 밥을 인정사정없이 뜯어냈다. 덥수룩하던 머리를 깎아놓은 것처럼 말끔하다. 거기에다 우아한 꽃까지 피웠으니 귀공자같이 인물이 훤하다.

올해 여름은 111년 만의 기록적인 더위였다. 정말 참기 힘들었다. 화초들도 그럴 테지 싶어서 해가 열기를 발하면 차단막을 쳐주고, 한낮의 열기를 식히려고 베란다 바닥에 물을 흥건히 부어주기도 했다. 그것이 그에게는 최적의 환경이었는지(?) 그도 아니면, 저도 죽을 것 같이 힘이 들어서 종족보존 본능을 발휘한 것인지 나는 알 길이 없다. 그저 고마울 뿐이다. 기러기 날갯짓 같은 우윳빛 꽃 세 송이에서 기막힌 향기가 폴폴 풍긴다. 그 향기에 반해 들여다보고 또 들여다

본다.

소심의 꽃말은 순수와 청렴이다. 꽃말과 같이 꽃도 향기도 맑고 깨끗하다. 사랑스럽다. 사진을 찍어서 두 친구에게 보냈다. '6년 9개월 만에 소심이 꽃을 피웠어요.' 하는 메시지와 함께. 그랬더니 한 친구에게서 득달같이 답장이 왔다.

"어머! 경사 났네! 그런데 그 소심이 신통방통하게도 주인이 두 번째 수필집 내는 것을 알고 미리 축하해 주는 것 같네."

뒤이어 전화기가 또 울린다. 다른 친구다.

"어머나! 기특해라! 정말 경사네요. 축하, 축하합니다."

의리의 소심이다. 이렇게 우리 셋은 철골 소심 세 송이로 인해 원거리에서 지척이듯 마음을 나누었다.

(2018. 9)

벽 하나 사이

우리 집 앞 공터에는 지난봄부터 집을 짓고 있다. 땅파기를 시작으로 지금은 8층이 올라가는 중이다. 20층 꼭대기에서 내려다보면 육중한 타워크레인과 인부들의 고된 노동 끝에 외벽과 내벽이 쌓이면서 큰 건물이 들어서고 있다. 방과 방을 나누는 것도 벽이고, 옆집과의 경계가 되는 것도 벽이다.

내가 사는 집도 벽 하나를 사이에 두고 왼쪽에는 두 아이와 엄마가 살고, 오른쪽에는 홀로된 남자가 산다. 노크하면 들릴 만큼 가까운 거리지만, 이웃사촌은 존재하지 않는다. 옆집에서 무슨 일이 일어나도 모르고 산다. 물질로는 풍요로워졌지만, 마음은 가난해졌나 보다.

옆집 남자는 나보다 3년쯤 늦게 이곳으로 이사를 왔다. 이사 오던 날 복도에서 인사하고는 한동안 얼굴을 보지 못했다. 어느 날 외출했다가 돌아오는 길에 1층 엘리베이터 앞에서 그를 만났다. 이런저런 이야기를 하며 20층까지 올라왔다. 집 앞에 오더니, "만난 김에 저희 집에 들어가셔서 차 한 잔 하시고 가세요." 하기에 못 이기는 척하고 그 집에 들어갔다. 이웃끼리 알고지내는 것도 좋겠다는 생각을 하면서. 그런데 들어가 보니 그 남자 혼자였다. 이사 올 때 짐을 정리하던 여자가 아내인 줄 알았더니 동생이 도와주러 왔었단다. 그렇다고 나올 수도 없고 난처했다. 그는 부지런히 차를 준비하고 나는 어색한 분위기 속에서 홀아비 집을 곁눈질로 살피고 있었다.

우리가 사는 아파트는 소형이다. 그래서 거실이 따로 없고, 큰방이 거실 겸 침실이다. 어려운 손님이 오면 불편한 점도 없지 않지만 있는 그대로 보여주며 산다. 그도 그랬다. 같은 평수, 같은 구조이면서 가구 배치만 반대로 되어있다. 마치 등을 맞대고 앉은 격이다. 그러다 보니 벽 하나를 사이에 두고 그와 나의 침대가 같은 위치에 나란히 놓였다. 단지 나는 머리를 베란다 쪽으로 두었고, 그는 반대 방향이다.

그것을 보는 순간 공연히 민망해 속으로 웃었다. 그는 나를 초대해 놓고 자기 자랑에 침이 마른다. 젊은 시절 어느 신문사 사진기자였다는 그. 지금은 늙은 호랑이에 불과하지만, 한때는 세종문화회관에서 작품전시회도 했고, 상도 여러 번 탔다고 하면서 사진첩을 보여준다. 사진 찍는 것이 직업이요, 취미였던 그는 전국을 돌아다니며 사진을 찍었고, 때로는 좋은 사진을 얻기 위해 설악산 꼭대기에서 야영도 여러 날 했다고 한다. 그러다 먹을 것이 떨어지면 등산객에게 얻어먹으면서도 고집스럽게 원하는 작품을 얻을 때까지 하산하지 않았다는 그다.

그런 이야기를 들으면 나는 부끄럽다. 젊어서도 그랬지만 지금도 여전히 열정적으로 살지 못하기 때문이다. 글을 쓰지 못하는 이유도 거기에 있다. 내 안에 불씨를 심었으면 활활 태워야 재라도 남으련만, 최선을 다해 쓰고 지우고 몰입하지 못한 채 소재가 없어서, 머리에 든 것이 없어서, 궁색한 변명만 늘어놓는다. 하기야 해박한 지식이나 반짝반짝 빛나는 아이디어도 없이 생각만으로 어찌 좋은 글을 쓰겠는가. 그것을 알면서도 게으른 습관을 버리지 못하고 사는 나다.

두 사람 다 가진 것 없이 홀로 산다는 공통점 하나로 통하는 부분도 있었지만, 이성이라는 벽 때문에 불편해서 차 한 잔 마시고 얼른 집으로 왔다.

그렇게 그가 옆집에 산 지 7년쯤 되었다. 어쩌다 색다른 것이 생기면 나누기도 했지만, 피차 있는지 없는지 모르고 산다. 이것이 요즘 이웃사촌의 현실이다. 그런데 오늘은 카톡으로 '새해에 복 많이 받으세요.' 하고는, 신정을 맞아 몽골로 사진 찍으러 갔다가 어제 왔다면서 사진을 보내왔다. 그런데 그 사진이 기막히게 좋다. 설원의 양 떼도 그렇지만, 칭기즈 칸처럼 눈보라를 휘날리며 말을 타고 달리는 몽골인의 모습이 영화 속 한 장면 같다. 아침 햇살을 받아 설원 풍경이 쪽빛 하늘에 물이 들었는지 파르스름하게 보인다.

'예쁘게 봐주시고 마음에 기쁨 누리시기 바랍니다.'라는 그의 문자대로 기분 좋은 사진이다. 전화를 걸어서 고맙다고 인사를 했더니, "벽 하나를 사이에 두고 살면서 누님 얼굴 뵙기 참 힘드네요." 하기에 "그러게요." 하고는 웃음으로 때웠다. 같은 여성이라면 형님 동생 하면서 정답게 지낼 수도 있겠지만, 왠지 가까이하기에는 껄끄러운 이웃이다. 그래도 외출했다가 밤에 돌아올 때 복도로 난 그 집 작은방 창문에 불이 환하게 켜졌으면 은근히 반갑다.

(2018. 1)

가을의 길목에서

가을이다. 싸늘해진 바람과 함께 고독이란 불청객이 찾아들었다. 옷을 껴입어도 파고드는 한기는 가슴을 시리게 했고, 공연히 우울하고 사는 것도 재미없다. 특별한 이유도 없다. 있다면 잠재했던 외로움이, 긴 장마에 논둑 터진 것처럼 흘러넘쳤다. 불치병도 아닌 가을앓이는 해마다 도져서 나를 아프게 한다.

그렇게 가을이 깊어가고 있을 때다. 하루는 용대리에 사는 문단 선배에게서 전화가 왔다. 이런저런 이야기를 하다가 말고 "어머, 나 이상해. 공연히 눈물이 나." 하면서 조금 있다가 다시 이야기하잔다. 감수성이 뛰어난 그는 앞산의 단풍을 보면서 나에게 놀러 오라고 전화하다 말고 눈물이 난 거다. 나는 웃으면서 "너무 행복해서 그러시지요? 외롭게 사는 나도 있는데…." 하며 농담으로 받았다. 전화를 끊고 생각하니 결례한 것 같아 마음이 편치 않았다. 그는 부부가 교직에서 정년퇴직했고, 겨울이면 용대리가 춥다고 따뜻한 나라에 가서 공을 치며 추위를 보내고 오는 분이다. 그렇게 부러울 것 없어 보이는 그도 가을앓이로 마음고생을 하고 있었다.

울고 싶은 사람은 심각한데 위로가 되어주지는 못할망정 농담으로 받았으니 될 말인가 싶어, 전화를 걸어 데이트 신청을 했다. "선배님 내일 백담사에서 만나요." 했더니 좋단다. 울고 싶은 사람끼리 만나면 어떻게 될지 알 수 없지만, 함께 울어도 좋을 듯했다. 좋다는 답을 듣고 고양 터미널로 나가 차표를 사 왔다. 그렇지 않아도 어디론가 훌쩍 떠나고 싶던 마음에 선배를 핑계로 나도 탈출구를 찾은 거다. 마음에 날개를 달고 코스모스가 한들거리는 시골길을 상상하며 잠을 청했다.

아침 일찍 버스 맨 앞좌석에 앉아 고속국도를 달린다. 차도 밀리지 않고 시야가 탁 트여 속이 다 시원하다. 소녀의 소박한 꿈을 키워주던 고향길은 아니지만, 스쳐 지나가는 가을 풍경이 싸한 가슴에 진정제가 된다. 갓길에는 간간이 살살이꽃도 한들거린다. 원통을 지나고 나니 금방 백담사 입구가 나온다.

세상은 얼마나 좋아졌는지 이동전화 하나만 있으면 길 찾기부터 도착시각까지 알려주어 서두르거나 당황할 일도 없다.

전화기만 잊지 않고 챙기면 된다. 선배는 백담사 입구에서 차로 약 15분 거리에 산다. 도착 시각에 맞추어 나온 부군께서는 차로 셔틀버스 타는 곳까지 데려다주고 가셨다. 둘이 자유롭게 즐기라며.

우리는 가을의 길목에서 우울했던 감정들을 다 잊고 웃음꽃을 피웠다. 선배는 어제 내 전화를 받고 밤에 나가서 김밥거리를 사다가, 새벽같이 일어나 김밥을 말았단다. "그냥 간단하게 사 먹으면 될 것을." 했더니 오히려 소풍 가는 기분이어서 즐거웠다고 한다. 예쁜 찬합에는 김밥과 과일까지 담았다. 그 덕에 단풍이 곱게 물든 자연의 품에서 꿀맛 같은 점심을 먹었다. 값으로 계산할 수 없는 선배의 정성과 맑은 하늘, 깨끗한 공기, 그것을 즐기는 우리. 참 오기를 잘했구나 싶었다.

울고 싶기로 말하자면 선배가 어찌 나를 따라오겠는가. 울컥울컥 올라오는 속울음을 꿀꺽 눌러 삼키며 살아온 세월이다. 그러면서도 웬만해서는 남 앞에서 눈물을 보이지 않았다. 기죽지 않으려고 안간힘을 쓰면서 배고파도 배부른 척하며 살았다. 하기야 인생길이 마음먹은 대로 흘러간다면야 누가 울기를 고집하겠는가. 백담사 계곡에서 가을을 즐기는 수천의 행락객 중에도 애환 없는 사람이 하나라도 있다던가. 그러기에 '쌍가마 속에도 설움은 있다'고 했던가 보다.

점심을 먹고 개울을 따라 형형색색의 수채화 속으로 들어갔다. 계곡과 어우러진 단풍은 렌즈를 들이대는 곳마다 명화의 한 장면이다. 그냥 좋다는 말로는 부족한데, 아무리 생각해도 그 아름다움을 표현할 적절한 단어가 떠오르지 않는다. 머지않아 낙엽 되어 썩어질 운명을 알면서도 정열을 쏟아 붓고 생을 마무리하는 단풍이 어찌 이리도 아름다운지. 언제부턴가 단풍이 꽃보다 예쁘다는 생각을 한다. 화려하면서도 자연 질서에 순명하는 그 자세, 그 품성이 순수해 보여서인가 보다.

현실적이지 못한 나는 계절병을 핑계로 탈출구나 찾아 나서는 허약한 존재다. 무엇 하나 제대로 이루어 놓은 것도 없고, 곱게 물든 단풍처럼 오달지게 마무리할 자신도 없다. 그러면서도 그의 아름다운 마무리만은 욕심을 내고 싶다.

백담을 따라 흐르는 물길 옆 모래톱에는 크고 작은 돌탑이 가고 가도 끝없이 늘어섰다. 누가 무슨 사연을 담아서 돌탑을 쌓았는지 알 길 없지만, 소원들이 참 많기도 하다. 행복이란 선택이 아니요, 깨달음이라는데 우리는 너무 멀리까지 와서 행복을 찾는 것은 아닌지 모르겠다.

선배와 나도 고독이란 불청객에게 돌탑 하나씩 쌓아주고 가벼운 마음으로 백담사를 내려왔다.

(2018. 6)

추사(秋史)를 감동시킨 옥수수

여름도 가파른 고개를 넘으려 할 때, 햇감자와 옥수수 한 상자가 택배로 배달되어 왔다. 감사한 마음으로 옥수수 상자를 거실에 풀어놓고 하얀 속살이 드러나도록 겉잎과 속잎을 벗기고 수염을 다듬어 큰 솥에 차곡차곡 안쳤다. 옥수수가 잠길 정도의 물을 붓고 소금과 단맛을 조금 넣어 뚜껑을 덮고 가스불을 켰다. 삼십여 분 지나니 옥수수 익는 냄새가 구수하게 난다. 옥수수 익는 냄새와 함께 추사 김정희 선생에 얽힌 일화가 생각났다.

추사 김정희 선생이 함경도 북청에서 귀양살이를 마치고 돌아오던 길에 강원도 어느 산골을 지나게 되었다. 앞뒤가 옥수수만 있는 밭 가운데 자그마한 오두막이 하나 있었고, 울타리도 없는 그 집 앞에는 냇가로 가는 좁은 길이 있었다.

그 길에서 집안이 환히 들여다보였다. 오두막 툇마루에는 나이 지긋한 노인 내외가 한가롭게 담소를 나누며 옥수수를 먹고 있었다. 그 모습이 어찌나 평화롭고 정답게 보이던지 그냥 지나칠 수 없었다. 그 광경을 본 추사 선생은 안으로 들어가 물 한 그릇을 청하고 노인에게 이렇게 물었다.

"올해 연세가 어찌 되는지요?"

"막 70이 되었소이다."

"한양에는 한 번이나 가 본 적이 있소?"

"웬걸요, 운수가 닿지 않아 아직 고을 관청에도 들어가 본 적이 없소이다."

"뭘 먹고 사시오?"

"옥수수나 먹고 살지요."

이 말을 들은 추사는 정신이 아득했다고 한다. 자신은 지난날 벼슬도 누릴 만큼 누렸고 중국 연경을 비롯하여 세상이 좁다 하고 실컷 돌아다니며 대접이란 대접은 다 받아가며 호사를 누렸건만, 지금은 세상 고난 혼자 짊어진 듯 외롭고 곤고한데, 관청에도 한번 못 가본 촌로가 어찌 옥수수만 먹고도 인생을 달관한 듯 단란하고 행복할 수 있단 말인가. 하여 그 심경을 글로 남겼다.

禿柳一株屋數椽(독류일주옥수연: 모지랑 버드나무 밑에 두어 칸 초가집)

翁婆白髮兩蕭然(옹파백발양소연: 머리 허연 노인 내외 쓸쓸하게 살고 있네)
未過三尺溪邊路(미과삼척계변로: 개울 옆 오솔길이 불과 석 자도 안 되는 곳에서)
玉蜀西風七十年(옥촉서풍칠십년: 옥수수에 부는 서풍과 더불어 칠십 년을 살았네)
– 題村舍壁(제촌사벽: 시골집 벽에 쓰다)

아마도 그 집 안주인은 나그네에게 물 한 대접과 방금 가마솥에서 꺼낸 따끈따끈한 옥수수 한 바가지를 수줍게 내밀었을 것이다. 인심이 천심인 바깥노인은 험한 짐승도 나도는 첩첩산중임을 생각하고 날도 저무는데 하룻밤 쉬어가라고 자비를 베풀었을 테고, 그분은 못 이기는 척 들어앉았다가, 그곳이 좋아서 옥수수로 끼니를 때우면서도 몇 날 신세 지고는 비어있던 흙벽에다 기개 높은 필체로 신세 갚음을 했을 듯하다. 자연의 소리밖에 들리지 않는 곳에서 가문과 명예까지 모두 내려놓고 아주 눌러살고 싶었을지도 모를 일이다. 이때 추사의 입장은 유배 생활 십여 년에 두 번째 부인까지 사별하고 홀로되어 늙고 지친 몸으로 귀향(歸鄕)하던 중이었다.

추사 김정희 선생은 대쪽 같은 성품에 좀처럼 남을 칭찬하지 않았다고 한다. 그래도 그 문하에 수천의 선비가 있었다니 그분의 인격을 짐작할 뿐이다. 그분이 제주도로 귀양 가던 길에는 흥미로운 이야기가 있다. 해남 대흥사의 현판을 보고 "저것도 글씨냐?"며 초의선사께 자신이 쓴 글씨로 바꾸라고 했다고 한다. 자괴감에 공연한 호기였는지도 모르지만,

그렇게 기백이 당당하던 그분도 죄인 아닌 죄인이 되어 귀양살이하면서 느낀 바가 컸던지 돌아오는 길에는 지난날 자기가 써주었던 현판을 떼고, 다시 이전 것으로 바꾸라고 했다니…. 고난의 세월이 그분에게 겸양지덕(謙讓之德)을 갖추게 했는가 보다.

나도 잘 삶아진 옥수수를 꺼내어 한입 덥석 물었다. '아~아 이 맛이야.' 저절로 감탄사가 나온다. 이 맛을 보라고 돈 들이고, 시간 들이고, 정성 들여 그 먼 곳에서 예까지 보내준 지인의 마음씨가 가을 햇볕만큼이나 따뜻하다.

오늘은 추사가 본 촌로만큼이나 나도 행복하다. 탱글탱글한 찰옥수수가 입안에서 톡톡 터진다. 달콤함이 저절로 넘어간다. 저녁으로 옥수수 세 자루를 먹고 나니 부러울 것 없이 넉넉하다.

(2012. 8)

*정진권 목사님 글을 읽고 감동한 바 있어 그를 토대로 썼다.

나를 유혹하던 너

외출했다가 돌아오는 길이었다. 동네 마트 앞을 지나가는데 스피커에서 "오늘은 석류 특별세일. 다섯 개에 만원." 한다. 고향은 캘리포니아이며 맛도 좋다고 곁들인다. 들어가 살펴보니, 어른의 두 주먹만 한 석류가 좌판 가득하다. 빨갛다 못해 자줏빛 도는 껍질이 반질반질하며 예쁘고 먹음직스럽다. 가뜩이나 석류에 한(?) 맺혔던 나는 그 유혹에 넘어가 잘생기고, 탐스러운 것으로 다섯 개를 골라 들고 얼른 지갑을 열었다.

한국전쟁 때다. 우리 마을에 중공군이 잠시 머물고 있었다. 전날 밤중에 그들은 다 철수했는데, 이른 아침에 UN군이 폭격을 했다. 그로 인해 우리 집은 불타버렸고, 갈 곳 없는 우리는 마을에서 제일 잘살던 병사댁 별채를 얻어 살게 되었다. 그 집 울안에는 그리 크지 않은 석류나무 두 그루가 있었다.

전쟁 중에도 석류가 빨갛게 익어가고 있었다. 기형이었는지 씨방이 너무 비좁아서 그랬는지, 석류가 가슴을 열고 속살을 보여주었다. 난생처음 보는 석류의 속살은 어린 가슴을 두근거리게 했다. 남의 것에는 눈도 돌리지 말라는 어머니의 말씀이 무서워서 군침만 삼켰던 어린 시절이 있었다. 그 맛이 매우 궁금했다. 그래선지 지금도 석류만 보면 그 유혹을 뿌리치지 못한다.

그 집에는 유실수도 많았다. 자두, 복숭아, 살구, 장독대 옆에는 앵두나무도 있었다. 화단에는 희귀한 꽃도 많았다. 수국과 작약, 모란이며 백합이 꽃을 피우면 그 향기가 온 마을을 휘감았다. 안채보다 별채가 더 화사했다. 나지막한 돌담 너머에는 커다란 연못도 있었고, 그 연못 가장자리에는 창포가 즐비했다.

지금은 고달사지 문화재 발굴로 마을은 흔적도 없이 사라졌다. 하지만, 그때는 삼태기 속과 같이 평화로운 곳에서 30여 호가 오순도순 살았다. 사방이 산으로 둘러싸였고, 오로지 마을 앞으로 난 마차길 하나가 세상으로 향하는 통로였다. 봄이면 버들피리 만들어 불며 냇가에서 뛰놀던 소년·소녀들. 지금은 다 노인이 되었겠지만, 나는 여전히 가난에 찌들었던 그때 그 시절이 그립다.

그때를 생각하며 석류를 사다 놓고 여러 날이 지났다. 먹기 아까워서 작은 대소쿠리에 담아 식탁에 놓고는 보고만 있었다. 오늘은 석류를 들여다보다가 문득 먹어볼까 싶어 제일 맛있어 보이는 것으로 골라 들고, 미련 없이 칼 든 손에 힘을 주었다. 질긴 껍질이 갈라지면서 발그레한 과즙이 주르르 흐른다.

다섯 개의 씨방에는 반짝반짝 빛나는 육면체의 수정이 꽉 들어찼다. 바늘 하나 들어갈 틈도 없이 탱글탱글하게 잘 영글었다. 광부가 광맥을 찾듯 요리조리 돌려가며 틈을 찾아 한 알씩 뜯어서 입에 넣는다. 톡톡 터지는 맛이 새콤달콤하다. 한풀이라도 하듯 한 개를 앉은자리에서 다 먹어버렸다. 이만하면 만족한 것을.

요즘은 석류를 만병통치처럼 효능을 선전한다. 갱년기 여성에게 더 좋다고 한다. 유혹한 만큼 주름살 두어 개 펴졌으면 좋겠다.

(2013. 11)

너도 울고, 나도 울고

우리 집 군자란이 입춘을 며칠 앞두고 꽃대를 밀어 올렸다. 추우나 더우나 베란다에서 기거한 지 십 년이 넘었다. 제 몸피보다 작은 화분에서도 한 해에 두 번씩 꽃을 피워 기쁨을 안겨주는 친구다. 그런데 지난해에는 저도 아픔이 컸던지 꽃을 피우지 않았다. 내 잘못인 듯해 미안했다.

그는 해마다 봄가을로 꽃을 피울 뿐 아니라, 다산형이라서 이세도 줄줄이 달곤 했다. 그때마다 뿌리를 제치고 아플세라 새싹을 잘라내어 작은 화분에 심었다가 예쁘게 자리를 잡으면 이웃에게 나누어주곤 했다. 그런데 그것도 한두 번이지 해마다 두셋씩 새끼를 치니 감당하기가 어려웠다. 지난해에도 줄 데가 없어서 예쁘게 자란 화분 두 개를 일 층 출입구 난간에다 놓고 '필요하신 분 가져가세요.'라고 써 붙여 놓았었다. 그런데 올해도 여름이 되자 인내심을 시험하듯 또 두 대가 나란히 올라오고 있었다. 해서 '해마다 두세 촉씩 생산하면 나보고 어쩌란 말이냐'고 구시렁거리며, 예리한 칼날을 깊숙이 들이대고 매정하게 생살을 도려냈다.

그랬더니 잘린 새싹에서 맑은 진이 눈물처럼 뚝뚝 떨어진다. 그것을 보는 순간 섬뜩했다. 말 못 하는 식물이지만 생살 도려낸 아픔이 어찌 사람만 못하랴 싶었다. 어미도 울고 새끼도 서럽게 운다. 하지만 살릴 수가 없다. 버릴 셈 치고 아무렇게나 동강 내서 쓰레기통에 처박았기 때문이다. 그런 나를 보고 얼마나 배신감을 느꼈을까. 잘못된 소유 관념이 준 상처다. 그래선지 지난봄에 한 번 꽃을 피우고는 묵묵부답이다. 해준 것이라고는 목마르다면 물을 주고, 겨울엔 신문지로 이불을 덮어준 것밖에 없지만, 내가 책을 출간하던 해에는 세 번이나 탐스럽게 꽃을 피워서 축하해주는 기분이었다.

그를 보면서 갑자기 까맣게 잊었던 나의 아픈 상처가 떠올랐다. 육아 교육은 생각도 못한 철부지들이 부모가 되었다. 직장도 없고 딱히 할 줄 아는 것도 없던 아비는 떠돌면서 아기는 자기에게 주고 어미보고는 너 갈 길 찾아 떠나라고 행패를 부렸다. 대책 없기로는 마찬가지였던 어미는, 하는 수 없이 시골의 시댁 근처에서 남의 집 곁방살이하며 아이를 데리고 숨어 살고 있었다.

하루는 주인집에서 김장한다기에 아이를 재워놓고 우물에 가서 배추를 다 씻어주고 내려왔더니 혼자 자던 아이가 없어졌다. 순간적으로 '아비가 데려갔구나.' 싶어 가슴이 털컥 내려앉았다. 다리에 힘이 빠지고, 정신이 아득했다. 정신없이 온 동네를 뒤졌다. 그런데 그 어디에서도 아이는 보이지 않았다. 마지막으로 외딴집에 들렀더니 그 집 아이가 하는 말이, "아까 광수 울면서 저쪽으로 갔어요." 하며 아랫마을을 가리켰다.

그날은 아랫마을에서 잔치가 있었다. 잔칫집에 가서 알아보니 누군가 어린아이가 엄마를 찾으며 아랫마을로 가려고 해서 잔칫집에 왔다 길을 잃은 줄 알고 어디만치 업어다 주었단다. 그제야 아비가 데려간 것은 아니라는데 위안이 되었다. 하지만, 시간은 자꾸 가는데 아랫마을 두 곳을 다 뒤져도 아이가 없었다. 어느덧 가을 해는 뉘엿뉘엿 기울고 있었다. 아들의 행방은 묘연했고, 점심도 거른 나는 지쳐 쓰러질 것 같았다. 얼마나 삶이 참혹했던지 꽃다운 나인데도 몸은 바싹 마른 장작개비 같았다.

더는 찾아갈 데가 없었다. 감당할 길이 없어서 교회로 향했다. 이쯤에서 생을 정리해도 괜찮을 것 같았다. 교회 마루에 엎드려 통곡했다. 그 소리가 사택에까지 들렸던지 목사 사모가 교회 문을 열고 들어서며 "어머 광수 엄마! 광수 우리 집에 있어요. 지금 씻기고 밥 먹여서 재웠어요. 깨면 데리고 가려고 했는데." 하는 것이 아닌가. 꿈인가 생신가 싶었다.

우리 집에서 교회에 가려면 언덕을 내려가서 아랫마을 두 곳을 지나 우측으로 커다란 저수지 둑을 건너야 하고, 교회는 돌계단 여남은 개를 올라가야 있었다. 내 걸음으로도 30여 분 거리다. 주일이면 저를 데리고 교회에 드나들었던 것이 어린 아들의 머릿속에 각인 되어 교회에 가야 엄마를 만날 수 있다고 믿었던 모양이다. 아이가 말도 잘 못하던 만 두 살이 막 지나서였다. 지금까지도 그 어린것이 어떻게 그 외딴곳까지 찾아갔는지 알 수 없는 일이다.

아이가 눈물 콧물에 흙투성이가 되어서 교회 문을 붙들고 울더란다. 그것을 본 사모는 "아이고 드디어 엄마가 가버렸구나?" 하고서 아이를 끌어안고 같이 눈물을 흘렸다고 한다. 군자란도 나와 같은 심정이었다면 얼마나 슬프고 원망스러웠겠는가.

우여곡절 끝에 눈물로 상봉한 어미와 아들. 서로 천당과 지옥을 경험했던 날이다. 지금은 같이 늙어가는 처지가 되었지만, 천군만마를 얻은 기분으로 아들을 업고 돌아오던 오솔길에는 어스름 달빛 아래 구절초가 환하게 웃고 있었다.

(2017. 2)

나에게 주는 꽃다발

한 해의 마지막 달이다. 뒤돌아본 올해는 불행보다 행복이, 슬픔보다 기쁨이 많았다. 지난주에도 어느 모임에서 꽃다발을 받았는데, 이번 주에도 송년회 자리에서 출판기념회까지 열어주어 또 한 번의 축하 인사를 받았다.

나는 어려서부터 힘든 세월을 살아야 했다. 아버지 돌아가신 지 10년 만에 어머니마저 아버지를 따라가시자, 어린 나이에 생활전선에 뛰어들어야 했고, 상대적으로 배움의 길에서는 멀어지고 말았다. 열심히 산다고 갖은 고생 다 했지만, 새로운 길을 모색해도 성공은 언제나 나를 비껴가곤 했다. 성과 없는 결과는 언덕 없는 벌판과 같아서 허허롭기만 했다. 그래도 시간의 수레바퀴는 돌고 돌아서 예까지 이르렀다.

글쓰기에 입문한 것도 순리대로 이해하게 된다는 '이순'을 지나서다. 지식도 경험도 부족한 내가 글을 쓰기란 노동하기보다 어려웠다. 국어도 제대로 익히지 못해 띄어쓰기 맞춤법이 엉망이었고, 모진 세파에 감성마저 메말라 촉촉함이 없었다. 행동반경마저 좁다 보니, 주변 소재들이 글 내용의 전부여서 문학성 없는 잡문이요, 신변잡기다. 그래도 읽고 쓰기를 반복하면서 그동안 써 놓았던 원고를 올 정월에 책으로 묶었다. 그것이 나의 수필집 『언제 또 올래』다.

원고를 출판사에 넘기고 떨림 반 부끄러움 반으로 기다렸다. 내용이야 이미 시위를 떠난 화살이요, 정수리가 훤해지도록 들여다보고 또 들여다본 결과물이니 다른 도리가 없었다. 책이 나왔다. 받아든 순간 감동으로 가슴이 떨렸다. 사막에 핀 꽃처럼 대견스러웠다.

집에 돌아와 들떴던 마음을 차분히 가라앉히고 읽어보았다. 숙성되지 못하여 설익은 맛이다. 떫고 씁쓸했다. 수정해야 할 곳도 한두 군데가 아니다. 이를 어쩌나 싶었다. 하지만 이것이 내 능력의 한계인 것을 어찌하랴 싶어서 마음을 바꾸었다. 그리고는 표지 뒤에다 이렇게 소감을 적었다.

'부끄럽지만, 이 책은 내게 큰 영광이요 기쁨이다. 한정순 잘했어! 힘내!'

내가 나를 응원하는 글을 적어서 다른 책과 나란히 책꽂이에 꽂았다. 못난 인생이지만, 많은 인물 속에서 웃고 있었다.

1월 9일에는 가까운 문우들과 발송 작업을 했고, 19일엔 아들이 미국에서 왔으며, 21일은 내 일흔 번째 생일이고, 이틀 뒤에는 고유의 명절 설날이었다. 늘 혼자 먹던 밥상에는 5년 만에 아들 내외가 함께 앉았으니 먹지 않아도 배가 불렀다. 단 열흘간의 만남이었지만, 목포 여행에서 눈 쌓인 유달산을 오르며 양옆에서 부축해 주던 자식 내외의 훈훈함도 얼음장 같던 가슴을 녹이는 데 부족함이 없었다.

"아들, 난 요즘 너무너무 행복한데, 이렇게 행복해도 되는 거야?"

"엄마는 충분히 행복하셔도 돼요. 장하세요. 사랑합니다."

어쭙잖은 어미를 응원하는 아들의 말에 우쭐해서 얼굴을 붉혔던 팔불출이다. 지금까지 겪었던 모든 설움이 사라진 것처럼 행복했다. 살다 보니 내게도 이렇게 좋은 날이 있구나 싶었다. 다섯 살배기 군자란까지 꽃을 활짝 피우고 주인을 축하해주었다.

그동안 다른 분들의 책을 받으면 교과서로 삼고 서문에서부터 끝까지 다 읽었다. 그러면서도 보내주신 분들께 제대로 감사 인사도 못 드렸다. 그런데, 내 책을 받으신 분들께서는 전화로 메일로 연일 축하해주시니 양심에 가책이 되기도 했다. 화분과 꽃다발이 안기어 오고, 손편지와 우편환까지 보내주신 분이 있었다. 잊을만하면 선물도 배달되었다. 졸작을 내

놓고 한 해 동안 행복이 넘쳤다.

아들 내외가 미국으로 돌아가고 조금 쓸쓸해질 무렵이다. 책 내느라 수고했다며 점심을 사주신 선배님이 계셨다. 분에 넘치는 대접을 받고 돌아오던 길이었다. 돈이 아까워서 좀처럼 꽃을 못 사던 내가, 꽃집에 들어가 과한 값을 치르고 꽃다발을 예쁘게 만들었다.

미련스러우리만치 고지식하고 융통성 없으며 소극적이어서 실패만 거듭하던 나. 투철한 목표의식도 없고, 적극적이지 못하여 무슨 일에나 방관자처럼 망설이는 태도가 싫어서 얼마나 자신을 학대하고 비판하며 원망했던가, 생각하니 미안했다. 자신도 이해하고 사랑하지 못하면서 어떻게 남을 이해하고 사랑하겠는가 싶었다. 그래서 격려와 사과하는 의미로 내가 나에게 꽃다발을 선물했다. 꽃향기가 온 집안에 가득하다.

(2012. 2)

2.

나우루 그리고 우리

빠름만을 따르려다가 느린 것을 참지 못하고 소중한 사진들을 삭제했더라면 후회할 뻔했다. 사진이 컴퓨터를 느리게 하는 요인이라 해도 버릴 수 없는 아름다운 추억들이다. 그 추억은 내 삶의 흔적이기도 하다. 빨리 달리다가 중요한 것을 못 보고 지나치지 않도록 느림에도 익숙해져야겠다.

빛으로 그린 그림

왠지 컴퓨터의 속도가 점점 늦어진다. 스팸메일, 받은 메일, 보낸 메일을 다 삭제하고 휴지통까지 비워도 소용이 없다. 해결 방법을 모르니 저장해 놓은 사진이 문제인가 싶어 사진방으로 들어갔다. 각종 이름표를 단 노란 폴더가 가나다 순으로 정렬되어 빼곡히 나타난다. 범인 색출하듯, 포수가 목표물을 조준하듯 폴더를 열어 삭제할 사진을 찾는다. 그런데 그동안 까맣게 잊었던 추억들이 반갑게 맞으면서 나를 웃게 한다.

오랜만에 들어간 폴더 속에는 '어머! 이런데도 갔었네!' 또는 '이런 날도 있었네!' 감탄사가 마구 쏟아져 나왔다. 태종대를 오르다 소나무 사이로 보이던 앙증맞은 주전자 섬이 그랬고, 영종대교기념관 전망대에 있는 느린 우체통도 그랬다. 엽

서를 적어 넣으면 일 년 후에나 배달된다는 빨간 우체통은 빨리 빨리만 외치는 내게 느림의 미학을 가르치려는 듯 붙박인 채 눈길은 바다를 향해 섰다.

그리고 친구와 함께 조그만 포구에서 찍은 사진도 좋다. 안개가 살포시 내려앉은 바다에는 고깃배 두 척이 한가로이 떠 있고, 두어 발쯤 올라온 해는 바닷물에 황금물을 풀어놓았다. 아침 바다가 얼마나 운치 있고 아름답던지 영화의 한 장면 같다.

또 버릴 수 없는 것이 강화도 장화리의 일몰이다. 마을 야산에서 떨어져 나온 작은 동산이 썰물 때는 육지요, 밀물 때는 영락없이 악어를 닮은 섬이 된다. 그의 등에는 소나무 몇 그루가 작은 숲을 이루었고, 머리는 북쪽을 향해 엎드린 형상이다. 악어섬의 소나무 사이로 오메가를 그리며 떨어지던 일몰은 숨 막히는 장관이기도 했다.

단 1~2분짜리 단막극을 카메라에 담기 위해 망원렌즈에 삼각대와 사다리까지 갖추고 몰려든 사진애호가들 틈에 끼어 친구의 카메라로 일몰을 찍던 날도 삭제할 수 없는 추억이다. 찍는 재미도, 보는 재미도 적잖은 기쁨이다. 컴퓨터에 담아둔 수천 장의 사진을 구경하다가 차마 삭제할 수 없어 폴더를 닫았다.

언젠가 아람누리미술관에서 '퓰리처상' 수상작 사진전이 열렸다. 거기에는 한국전쟁을 겪은 한 젊은 남자가 '求職'이란 글자를 크게 써서 가슴에 달고 벽에 기대어 서서 고개를 푹 숙인 사진이 있었다. 그 사진에서는 나 좀 데려다 일을 시키고 밥 좀 먹게 해 달라는 절박함이 담겨있었다. 얼마나 다급했으면 많은 사람이 오가는 길거리에서 부끄러움을 무릅쓰고 호소 아닌 호소를 하고 있었을까. 깡마른 체격의 그 남자. 자식들이 배고파 울부짖는 것을 차마 볼 수 없어서 그렇게 나왔는지도 모른다. 한 가정을 책임져야 하는 가장의 절규였다.

또 하나는 아버지와 아들의 사진이다. 아버지의 등에는 아랫도리를 벗은 서너 살쯤 된 아이가 업혀있었다. 아버지의 양손에는 피난 보따리 같은 짐이 들려있고, 두 사람의 눈은 김이 모락모락 나는 찐빵 솥을 향해 있었다. 흑백사진 속의 두 부자는 따끈따끈한 찐빵 하나면 행복할 것 같은 표정이다. 사랑하는 아들에게 그것 하나 사주지 못하고 서서 군침만 삼키던 아버지. 그 외에도 폭파된 한강다리와 피난민 행렬, 열거할 수 없이 비참한 상황들이 전시되고 있었다. 불과 반세기 조금 넘은 우리나라의 참상이다. 그 사진들을 보면서 가슴이 먹먹해 쉽게 발길이 떨어지지 않았다. 나도 그 절박한 시대를 지나왔기 때문이다.

사진의 어원을 찾아보니 그리스어의 빛(photo)과 그림

(Graphs)의 합성어로서 사진을 '빛으로 그린 그림'이라한다. 빛 없이는 존재할 수 없는 것이 사진이다.

휴대할 수 있는 카메라에 필름을 넣어서 사진을 찍기 시작한 것이 불과 170여 년 전이라고 한다. 그러니 지금 칩 하나에 수천 장의 사진을 저장하는 현실을 그들은 상상이나 했겠는가. 그뿐인가. 지금은 전문 사진작가가 아니면 카메라도 필요 없을 정도로, 휴대전화기 하나면 누구나 고화질의 사진을 즐길 수 있다. 더구나 어린아이도 찍을 수 있도록 간편하게 만들어졌다.

내가 처음 사진을 찍기 시작한 것도 필름을 넣어서 찍던 수동카메라였다. 셔터 한 번 누르면 자동으로 8장이 찍히는 디지털카메라에도 빠져 보았지만, 원하는 값의 셔터 속도를 설정하고 조리개로 초점을 맞추며 찍던 수동카메라가 찍는 재미는 훨씬 좋았다. 소질도 없지만. 지식 부족으로 내가 원하는 좋은 사진을 얻지는 못했지만 어쩌다 마음에 드는 피사체를 좋은 구도에서 만나면 짜릿한 기쁨을 맛보는 것이 사진 찍기의 즐거움이기도 하다. 그 때문에 많은 사람이 사진을 찍지 않나 싶다. 그때는 나도 집을 나설 때면 언제나 동행하는 것이 카메라였다.

빠름만을 따르려다가 느린 것을 참지 못하고 소중한 사진들을 삭제했더라면 후회할 뻔했다. 사진이 컴퓨터를 느리게 하는 요인이라 해도 버릴 수 없는 아름다운 추억들이다. 그 추억은 내 삶의 흔적이기도 하다. 빨리 달리다가 중요한 것을 못 보고 지나치지 않도록 느림에도 익숙해져야겠다.

(2013. 3)

내 고향 구둔역

봄꽃은 지고 여름이 시작될 무렵 청량리역에서 무궁화호를 탔다. 경로할인을 받아 3천 원어치만 가면 그리던 고향 역이다. 자리에 앉아 설렘으로 창밖에 시선을 둔다. 빠르게 스치는 풍경마다 신록 축제다. 연두와 초록이 형제처럼 다정하게 산을 지키고 있다. 새로 나온 어린 나뭇잎이 참 예쁘다. 그 단조로운 어울림이 허무를 달고 사는 가슴까지 풋풋하게 만든다.

기차가 달린 지 한 시간도 채 안 되었는데, 잠시 후면 구둔역에 도착한다는 안내방송이 나온다. 얼마만의 기차여행인데 하는 아쉬움을 안고 서둘러 배낭을 메고 홈에 내리니 낯설기가 이국 같다. 새로 지은 역사(驛舍) 지붕 위에 선로가 놓였고, 철길 양 끝으로는 커다란 터널만 보인다. 건물은 도심의 것과 별반 다르지 않아서 엘리베이터를 타고 내려가니 수세식 화장실도 아주 깨끗하다. 그런데 이 넓은 공간에 승객이라고는 달랑 나 하나뿐이다. 역무원도 없다. 아무도 없는 빈집이다. 마치 어머니 안 계신 고향집 같다. 중앙선이 하루에도 수없이 이 선로 위를 오가건만, 살기가 좋아져서인지, 인구가 줄어서인지 이 역을 이용하는 이가 없어서 차표도 팔지 않는 무인역이 되고 말았다. 2018년 평창 동계올림픽을 겨냥해 굽은 것을 곧게 편 철도사업이 부른 사막이다.

구둔역과의 인연은 초등학교 5학년 겨울방학이었다. 단발머리 촌 계집아이가 둘째 오빠를 따라 처음으로 서울에 가기 위해 새벽같이 20리 길을 걸어와 기차를 기다리던 곳이다. 초가만 보고 자라던 눈에는 뾰족지붕의 서양식 건물이 어찌나 근사하던지 작은 눈이 동그래질 정도였다. 대기실에는 서너 사람이 앉으면 딱 맞을만한 기다란 나무의자와 무쇠난로가 전부였고, 난로에서는 조개탄 타는 매캐한 냄새가 멀미하듯 울렁이게 했다. 방한복이라야 솜저고리가 전부였으니 내 생애에서 가장 춥고 배고팠던 시절이 아닌가 한다. 전쟁을 겪은 폐허 속의 남루한 애환을 다 지켜본, 아니 촌스러운 계집아이의 모습까지도 새겨 두었을 구둔역이다.

구둔(九屯)이란 지명은 임진왜란 때 왜군을 물리치기 위해 조선군이 이 지역 높은 산에 아홉 개의 진지를 구축했던 데서 유래되었단다. 그래서 1940년 철도가 개통하면서 구둔역도 생겼다. 그리고 칠십 년이 넘도록 임무에 충실하다가, 2012년 8월 16일 새 역사가 생기면서 예전 역사는 근대문화유산(등록문화재 제296호)으로 등재되어 원형 보존되고 있다.

5년 전 시월 마지막 날에도 여길 왔었다. 물론 구(舊)역사다. 역에 내리자 싸늘한 공기마저 반갑고 상큼했다. 워낙에 그리움에 목말라선지 낙엽만 봐도 출처가 불분명한 고독에 휩싸이므로 계획 없이 훌쩍 떠나온 것이 고향 역이었다. 고향이라 해도 부모님은 돌아가신 지 수십 년이고, 형제들도 다 타지에서 살기에 연고라고는 아무도 없는 곳이다. 하지만 목마른 자가 물을 찾듯이, 연어가 모천을 찾듯이 어릴 적 향수를 잊지 못해 공연히 기웃거려보곤 한다.

그래도 그때는 역장님과 역무원이 한 명씩 있었다. 차표는 팔지 않았지만, 추운 나그네를 안으로 불러들여 커피도 따끈하게 타주던 인정이 있었다. 역사 뒷마당에는 소임을 다한 노병처럼 옷을 벗은 나이배기 은행나무 밑에 노란 잎이 소복이 싸여있었다. 일부러 나뭇잎을 쓸어버리지 않고 그대로 두었던 역장님이 고마웠다.

그리고 오늘 다시 와보니 휑뎅그렁한 새 역사만 어설프게 나를 맞는다. 사방을 둘러봐도 어디로 가야 구역사가 있는지 알 길이 없다. 사람은 그림자도 보이지 않는다. 그런데 그 호젓한 적막감이 왜 이리 편안한지. 한참을 멍하게 앉아 있으려니 저만치 윗길에서 한 아저씨가 자전거를 타고 지나간다. 소리쳐 묻고, 그가 가리키는 방향을 따라 타박타박 걸었다. 사방은 야생화 천지다. 어릴 때 보고 자라던 고향 꽃이다. 온 들이 화판에 각가지 그림물감을 콕콕 찍어놓은 듯 화사하다. 땀을 뻘뻘 흘리면서 새빨개진 얼굴로 구역사에 도착하니 사람의 손길이 닿지 않은 역사는 황량하기가 이를 데 없다. 사람도 늙어지면 이렇겠지 싶다.

녹슨 기찻길 위에는 폐차된 전동차 두 량을 전시물로 세워놓았고, 장정 두 사람이 팔을 벌려야 맞잡을 수 있는 우람한 은행나무와 사철나무만 건재함을 보여주고 있다. 은행나무는 초록 잎으로 그늘을 드리웠고, 사철나무는 "당신의 소원을 적어서 달아주세요."라고 쓴 명패를 목에 걸고 '신목(神木)'이 되어있다. 많은 사람의 소원이 가지마다 주렁주렁 매달렸다. 바람은 주술을 외듯 소원들을 흔들고 있다.

구둔역은 영화 '건축학 개론'에서 이재훈과 수지가 첫 데이트를 했던 장소이기도 하다. 지난해, 그러니까 구둔역이 은퇴하기 하루 전날인 2012년 8월 15일 밤에는 '시인 정신'에서 주관하고, '하이디 하우스'에서 후원한 '막차는 8시에 떠나네'란 주제로 문인들이 모여 시 낭송과 음악회로 역사의 마지막을 위로하기도 했다. 그 행사가 임기를 마치는 역사에게 얼마나 위안이 되었을지는 모르지만, 문화재청의 관리만 소홀하지 않는다면 빌딩 숲에서 만나지 못하는 향수를 느끼기에 부족하지 않은 곳이기도 하다.

어려서 처음 기차를 탔을 때만 해도 구둔역에서 청량리까지 가려면 거의 한나절이 걸려야 했는데 이제는 한 시간이면 넉넉하다. 역사의 뒤안길에서 마침표를 찍고 시간이 멈춘 곳. 그곳엔 그 흔하디흔한 음식점 하나 없지만, 언제라도 그리움에 목이 마를 때면 무궁화호를 타고 다시 찾으리라. 고향 역이여 안녕히!

(2013. 6)

엘 캐피탄과 하프 돔

요세미티는 샌프란시스코에서 동쪽으로 165마일 떨어진 시에라네바다 산맥에 있다. 그랜드캐니언과 더불어 미국 서부의 대표적인 자연 관광지다. 유네스코 세계 자연유산으로 등록된 이곳은 빙하기 때 침식작용으로 인해 거대한 협곡이 만들어졌으며, 협곡에 숨어있는 비경들과 호수도 수를 헤아릴 수 없이 많다고 한다. 세계적으로 이름난 요세미티 폭포와 면사포 폭포 외에 여럿이 있다. 그리고 세쿼이아도 요세미티의 보물이다.

천 길 낭떠러지를 돌고 돌아 도착한 곳이 요세미티 '터널 뷰'다. 터널을 빠져나오자마자 우측에 있는 전망대에서 바라보는 협곡은 아무리 무덤덤한 사람이라 할지라도 감탄하지 않을 수 없게 한다. 협곡의 좌측에는 '엘 캐피탄(El Capitan)'

이란 거대한 화강암이 수직으로 섰고, 우측으로는 쌍벽을 이루는 '하프 돔(Half Dome)'이 완벽한 조화를 이루고 마주 섰다. 땅덩어리도 크지만, 산도 바위도 어마어마하게 크다. 아쉽게도 비가 오락가락하여 형체를 선명하게 볼 수는 없었지만, 안개로 살포시 가리운 경치는 면사포 속 신부처럼 아름답다.

'엘 캐피탄'은 보는 방향에 따라 다르지만, 두부를 뚝 자른 듯 모가 졌다. 높이가 1천 미터가 넘는다는 거대한 화강암이 어떻게 칼로 자른 것 같은지 나로서는 이해 불가다. 그 압도적인 자태에 인간이란 존재는 미물에 불과함을 느낀다. 세계의 암벽 등반가들이 생애 꼭 한번 오르고 싶어 하는 곳이란다. 언젠가 우리나라에서도 두 사람이 일기예보를 무시하고 암벽을 등반하다가 동사하여 뜻을 이루지 못했다고 한다.

'엘 캐피탄'과 계곡을 사이에 두고 마주 선 '하프 돔'은 1시 방향 산봉우리 위에서 머리만 내밀고 있다. 이는 둥근 바위가 산 등에 얹혀있는데 반쪽이 계곡으로 잘려나간 형상이다. 잘린 부분이 마치 얼굴 같다. 내 눈에는 커다란 독수리가 부리를 치켜들고 하늘을 보는 것 같은 느낌이다. 20여 년 전에 보았을 때는 황혼 무렵이었다. 뉘엿뉘엿 지는 햇볕을 받아 그의 얼굴이 황금빛으로 빛났었다. 그 모습이 얼마나 황홀하던지 오랜 세월이 지났어도 선명하게 남아있다.

이를 보고, 어떤 사람은 머리에 스카프를 두른 여인의 모습이라고도 한다. 그 먼 옛날 이곳의 원주민이었던 인디언 추장의 아내가 죽어서 바위가 된 것은 아닐는지. 그러고 보니 '엘 캐피탄'은 남성 같고, '하프 돔'은 여성 같다. 둘의 관계가 애틋한 그리움을 안고 마주 보는 듯하다.

그들을 더 가까이에서 볼 수 있는 곳으로 이동했다. 40여 분쯤 산을 나선형으로 올라가면 아주 가깝게 마주 보인다. '하프 돔'은 여전히 안개에 싸여 얼굴을 보여주지 않았지만, 신비로움만은 여전하다. 까마득한 협곡의 매력에 빠진 사람들이 너나없이 그 광경을 카메라에 담기에 여념이 없다.

우리는 다시 계곡으로 이동하였다. 삐죽삐죽 솟은 기암괴석이 호수에 반영을 이루니 이 또한 절경이다. 여행에서 남는 것이 사진뿐이라던가. 이 똑똑한 휴대폰이, 내 머리로는 다 기억하지 못한 추억까지 고스란히 간직했다가 터치만 하면 보여줄 것이다.

차가 다시 멈춘 곳은 너른 평원이다. 길이를 가늠할 수 없는 폭포가 물줄기를 쏟아내고, 평원을 가로질러 맞은쪽 산 밑에는 나무로 지은 아담한 교회 하나가 다소곳이 앉아있다. 뾰족지붕 위에는 십자가가 높이 달렸고, 나무 계단 여남은 개를 오르면 여닫이문 두 쪽이 나란하다. 이 천국 같은 분위기가 얼마나 마음에 큰 감동을 주던지 떠나고 싶지 않았다.

그리고 교회에서 150여 미터쯤 떨어진 초원에는 붙박이

긴 의자 하나가 놓였는데, 폭포를 보려면 교회를 등지고 앉으면 되고, 교회를 보려면 폭포를 등지고 앉으면 된다. 누구의 배려일까? 나그네에게 고즈넉한 평화를 안겨준다. 이웃에 마을이 있는 것도 아니니 초원 속의 교회에는 하나님만 계실 것 같았다.

이곳의 거대한 자연을 보면서 '세계 7대 자연경관'에 뽑혔다는 우리나라의 제주도를 생각했다. 미국인들이 요세미티를 잘 보존했듯이 우리도 아름다운 제주도뿐만 아니라 전국 강토를 소중하게 잘 지키고 가꾸어서 세계 사람들이 오고 싶어 하는 나라로 만들었으면 좋겠다. 모였다 하면 남는 것이 쓰레기더미뿐인 것은 참으로 부끄러운 일이다. 선진국 대열에 들어선 우리도 휴지조각 하나도 함부로 버리지 않는 성숙한 국민으로 살면서 국토를 잘 지켰으면 하는 바람이 간절하다.

(2015. 6. 25)

채움이가 왔어요

새 생명의 탄생이다. 산고의 고통을 치른 어미가 부스스한 채 첫아들을 안고 누워있는 사진이 단체 카톡방에 올라왔다. 보는 가슴이 훈훈하다. 얼마만의 아기 탄생인가. 열네 명의 축하 메시지가 연이어 날아든다. 시끌벅적하다.

이십일 전에도 베이비 샤워(baby shower)를 하느라 카톡방에 불이 났었다. 베이비 샤워는 임산부와 태어날 아기를 축복해 주기 위하여 가까운 친지들이 모여 유아용품을 선물하는 서양식 파티란다. 이때는 옷을 같은 색깔로 통일하여 입는단다. 아들이라 그랬는지 하늘색과 흰색 옷을 입었다. 아비의 고종사촌 누나 집에서 모였는데 풍선과 카드로 한쪽 벽면을 예쁘게 장식했고, 배가 남산만 한 장래 어미와 아비는 행복한 웃음을 띠고 있었다. 선물 탁자에는 케이크와 각종 선물 보따리가 놓였고, 곰돌이와 아비의 손가락만 한 아기 신도 있다. 그리고 채움이 태어난 거다.

채움이는 언니 큰아들의 둘째 손자의 첫아이다. 그러니까 언니에게는 증손자가 된다. 3년 전에 형을 제치고 동생이 먼저 장가를 들더니 아기를 낳은 거다. 그 결혼식에 나도 참석하면서 가고 싶던 미국을 다녀오기도 했다.

그들의 결혼식장은 가든 그로브에 있는 자그마한 갤러리였다. 우리나라처럼 호화로운 예식장이 아니었다. 신랑 신부가 장소에 구애받지 않고 식구들이 모이기에 편리하고, 경비도 절감되는 곳을 찾아 예약했단다. 철든 신랑 신부다.

신부의 친정 부모는 미국에 살고, 신랑은 엄마와 미국에 있고, 아빠는 한국에서 할머니를 모시고 큰아들과 살고 있다. 그래서 혼주로서는 첫 혼사인데도 서울에서 참석한 인원은, 단 네 명뿐이었다. 신랑의 아빠와 형, 할머니와 이모할머니인 나 이렇게. 마침 아빠의 친구 한 분이 미국에 다니러 갔다가 참석해서 전원 다섯 명이었다. 그리고 언니의 딸과 작은아들이 미국에 살기에 그곳에 있는 친지가 함께 모이면 대가족이 된다. 당연히 우리 아들 가족도 합세했다. 양가 하객 백여 명을 모시고, 신부가 다니는 교회 목사님의 주례로 예식을 치렀다.

예식이 끝나자 사회자의 요구에 따라 이벤트가 시작되었다. 남녀 친구들이 맨발로 나와서 춤을 추는가 하면, 새신랑 신부도 끌어내어 답례로 춤을 추게 하고, 양가 부모까지 함께 춤을 추게 한다. 사위와 장모가 춤을 추고, 며느리와 시아버지가 춤을 춘다. 그리고 사돈끼리도 파트너를 바꾸어서 어색한 분위기 속에서 블루스를 춘다. 우리 문화로는 상상도 못한 결혼식이다.

이벤트가 끝나고 그 자리에서 저녁 식사를 했다. 예식이 모두 끝난 시간은 밤 아홉 시가 넘어서다. 그러니 결혼식을 하는 데 대여섯 시간이 걸린 셈이다. 우리나라 같으면 그사이 두세 쌍을 치렀을 시간이다.

전화기에서 신호음이 연달아 울린다. 요즘은 스마트폰 덕분에 거리감 없이 주고받는 대화다. 연일 아기 사진이 올라온다. 배냇짓 하는 모습, 우는 모습, 목욕하는 모습이 너무나 예쁘고 귀엽다. 어찌 보면 아비를 닮은 붕어빵이고, 또 어찌 보면 어미를 쏙 빼닮았다. 신기하게 콩 심은데 콩이 난다. 태어난 지 사흘 만에 아기에게 연한 풀잎 색 우주복을 입히고 머리에는 모자를 씌웠다. 손은 만세를 부른 자세로 자는 사진이다. 제 아비 때만 해도 아기가 허전해서 놀란다고 싸개로 꼭꼭 싸 놓았었는데, 요즘은 아기 기르는 방법도 많이

변했나 보다. 격세지감을 느끼지 않을 수 없다

아기의 태명은 '열매'였고, 본명은 '윤채움'이다. 어미 아비가 미국 시민권을 가졌음에도 순우리말로 이름 지은 것을 보면 모국어를 사랑하는 한국인 같아서 고맙다. 사실 아기의 아비는 초등학교 오학년에 미국으로 유학을 떠났다. 그러니 한국을 떠난 지 이십 년이 넘었다. 그곳에서 대학까지 졸업하고 직장생활 하는 건실한 신랑이다. 그리고 신부는 유치원 선생이다. 그러니 한국말이나 글을 잊을 수도 있는데 유창한 모국어를 구사하는 것을 보면 전형적인 한국인이다. 날마다 날아드는 아기 사진이 보는 이로 하여금 옛날을 떠올리게 한다.

채움이 아빠가 세상에 태어날 때다. 엄마가 직장생활을 하며 둘째를 낳게 되자. 시어머니인 내 언니가 둘은 힘들어서 못 키우겠다고, 나보고 언니 집에 와서 함께 살면서 아이들을 키우자 해서, 채움이 아빠는 태어나면서부터 내가 데리고 자며 십 년 동안 키웠다. 그러니 마음으로는 내 친손자보다 더 정이 들었다. 그래서 유난히 채움이에게 정이 가는지도 모르겠다. 안아보고 싶다.

어제는 동영상이 올라왔다. 제 어미가 어르면서 "채움아 웃어봐" 하니까 꼭 알아듣는 것처럼 웃는다. 빤히 쳐다보면서 기분 좋게 무어라 옹알이도 한다. 두 달 반이 되니 분명 배냇짓이 아닌 의사소통이다. 제 어미를 알아보는 것 같다. 키우는 어미 아비는 힘들겠지만, 보는 사람은 참 빠르게 느껴진다. 무럭무럭 잘 자라서 훌륭한 사람으로 성장하기를 빌어 본다.

(2018. 10)

날고 싶던 소망에 행운까지

비행기를 타고 여행한 지 10년이 넘었다. 이쯤 되니 얼마나 비행기가 타고 싶던지, 옆에서 누가 여행 간다는 말만 해도 내 안에서는 발동기 돌아가는 소리가 요란했다. 그렇게 심한 갈증으로 목말라 할 때 친구의 백두산 동행 제의는 삼복더위의 얼음냉수였다.

어느 날 그녀가 다짜고짜 "성 여권 들고 빨리 안국역으로 나와." 하기에, 왜 그러느냐 물었더니 만나서 자세한 이야기는 하겠다면서 전화를 끊었다. 점심을 먹으며 자초지종을 들으니, 올해 칠순을 맞은 그가 중국의 이름난 산들도 다녀보았지만, 정작 백두산을 못 가봤다면서 다리에 힘 빠지기 전에 가보고 싶으니 경비는 걱정하지 말고 제 옆에서 길동무만 해달라는 것이었다. 우리는 속된 말로 똥배짱이 잘 맞는 20

년 지기지우다.

그 일이 있기 며칠 전에 아들의 전화를 받았다.

"엄마 비행기 표 보내드릴 테니 미국 오실래요?"

속으로는 반가운 소식이지만, 침을 꿀꺽 삼키고 속내를 숨겼었다.

"내가 꼭 가야 할 이유도 없는데 뭐 하러 가."

아무리 비행기를 타고 싶다고 해도 아들이 힘들게 사는 것을 뻔히 알면서 철없는 아이처럼 그러겠다고 말할 수 없어서였다.

그런데, 그녀는 그런 내 속을 들여다본 듯 2시간짜리 날개를 달아주겠다는 것이다. 등짐을 져다가 냉장고 채워주기를 기뻐하는 여자. 자기 혼자 짝사랑한다고 서운해 하면서도 내가 있어 행복하다고 말해주는 아우다. 그는 나보다 세 살 어리지만, 이승에서도 길동무하다가 하늘나라까지 함께 가자고 용기 주는 믿음의 선배이기도 하다. 그래서 목마르던 차에 남의 잔칫상에 수저만 들고, 따라나섰다.

기내에 앉아서 그렇게 그리워하던 발아래 구름바다를 보니 그동안 타던 갈증이 싹 사라지는 느낌이다. 얼마나 갈망하던 광경인가. 나도 한 마리 새가 되어 훨훨 날아간다. 한참 기분 좋게 상상의 나래를 펴고 드넓은 창공을 날고 있는데 잠시 후 목단강 공항 도착이라는 안내방송이 나온다. 아쉽다!

생각 같아서는 지구 한 바퀴를 돌라고 해도 싫지 않을 것 같았다. 두 시간짜리 날갯짓에 목을 축이고, 트랩을 내려와 세 번째 중국 땅을 밟았다.

이도백하로 이동하면서 바라본 창밖은 가도 가도 끝없는 농지요, 주 작목은 옥수수와 콩이다. 사람 사는 곳은 어디나 비슷해서인지 공산국가라 해도 자연은 그냥 평화롭기만 하다.

이도백하에서 하룻밤을 쉬고 아침 일찍 백두산으로 향했다. 북파 산문에서 작은 승합차로 갈아타고 2차선 도로를 지그재그로 올라간다. 길이 좁고 굽어서 몸이 마구 흔들린다. 그래도 운전을 기술적으로 잘한다. 어느 지점에서 보니 올라온 길이 까마득하게 실오라기처럼 보인다.

그렇게 힘들게 올라가 백두산 주차장에 내리니 잔뜩 흐렸던 날씨는 급기야 가랑비를 뿌리고 있었다. 천지는 운무에 싸여 보이지 않고, 8월 중순인데 춥기는 왜 그리 춥던지 옷을 껴입고, 우의까지 덧입었어도 덜덜 떨렸다. 같이 간 다른 친구와 셋이서 기약 없이 안개 걷히기를 기다리며 안개 속을 하염없이 보고 있었다.

일행 중 어떤 사람은 천지를 보려고 세 번째 왔다지만, 나는 그럴 형편도 아니니, 어찌하든 이번 기회에 꼭 봐야 하는데 굳게 닫힌 문은 열릴 기미가 보이지 않았다. 기다리다 지쳐서 안개를 배경 삼아 사진 몇 장 찍고 내려오다가 엄지만 한 부석(浮石) 하나를 주워서 슬며시 가방에 넣었다. 발길에 차여 제 모습을 잃은 부석이지만, 얼마나 고온에서 속속들이 태우고 불순물을 제거했는지 돌은 돌인데도 깃털처럼 가볍다. 백두산의 이름도 이 하얀 부석(浮石)과 흰 눈이 쌓여 늘 하얗게 보인다 해서 붙여진 이름이란다. 중국에서는 백두산을 장백산이라 부르고 있다.

그런데 주차장에 있던 가이드가 우리를 보고 10분 내로 안개가 걷힐 테니까 빨리 다시 올라가라고 소리친다. 뒤돌아 오르면서 쳐다보니 뽀얗게 덮였던 운무가 바람에 밀려가면서, 장지문 열리듯 천지가 열리고 있었다. 그 광경이 얼마나 경이롭고 황홀하던지 그 감동을 내 짧은 언어 실력으로는 표현할 길이 없다.

잠깐 사이에 선명하게 드러난 천지(天池). 하늘의 물을 담아둔 못. 전 세계 화산호 중에서 가장 높은 곳에 있다 하여 더욱더 신비롭게 인정받는 비경. 인생살이에서도 타이밍이 중요하듯 관광도 그랬다. 조금 전에 내려간 사람들은 어렵게 왔다가 비구름만 보고 돌아갔는데, 불과 2~30여 분 사이에 천지가 환하게 열린 것이다.

언어가 다르고 생김이 다른 수백 명의 여행객이 "와!" 한마디 감탄사로 여행의 피로를 푼다. 포기하려던 순간에 만난 천지. 삼 대가 덕을 쌓아야만 한 번에 볼 수 있다던 천지다.

한라산 백록담도 못 가본 내가 백두산에 와서 천지를 마주하고 서니 만감이 교차한다. 길동무 덕에 '날고 싶던 소망에 행운까지' 겹친 날이다.

하나이면서도 두 주인을 섬겨야 하는 백두산이 이념 갈등으로 두 동강 난 조국과 같아서 안타깝지만 어찌하겠는가. 내려오면서 겨레의 명산 백두산아! 천지야! 백두 폭포야! 반영이 아름다운 소천지야! 영원무궁하여라! 빌어볼밖에.

(2015. 9)

내 몸 길들이기

오랫동안 되풀이하여 몸에 익은 행동을 습관이라 한다. 내게는 나쁜 습관이 있다. 집에 있는 날이면 앉아있는 시간보다 누워있는 시간이 많다. 누워서 텔레비전도 보고 책도 읽는다. 이리 뒹굴 저리 뒹굴 하면서.

그 습관 때문에 장기가 무기력해졌나 보다. 지난해 대장에 게실염이 발병해 일주일 동안 병원에서 입원 치료를 받았었다. 그런데, 육 개월 만에 또 재발하여 고생하다가 다시 입원하게 되었다. 재발한 것을 보고 의사는 "자꾸 말썽을 부리면 대장을 잘라내는 수밖에 없습니다." 아무렇지도 않게 말한다. 그 말에 놀랐던지 자필로 입원 절차를 밟던 손이 바르르 떨렸다.

초음파와 CT를 찍고 병실로 안내되었다. 환자복으로 갈아입자 팔뚝에는 링거와 항생제가 박 넝쿨에 조롱박 달리듯 줄

줄이 달리고, 금식이 요구되었다. 아무리 먹기를 좋아하는 식성이라 해도 밥 굶는 것쯤이야 참을 수 있다지만, 수술대에 눕는 것만은 정녕 사양하고 싶다.

금식 닷새 만에 흰죽을 먹다가 이레 되던 날 퇴원했다. 그런데 육 개월 전에는 퇴원하면서 받아왔던 약을 삼 일치만 먹고도 괜찮았는데, 이번에는 보름치의 약을 다 먹었어도 나을 기미가 보이지 않았다. 나은 것 같다가도 또 아프기를 반복한다. 이러다가 정말 수술하게 되는 것이 아닐까? 은근히 걱정되었다. 항생제의 내성이 생겨 듣지 않는 것인지, 병세가 깊어진 것인지 알 수가 없다. 병원에 가면 수술하자고 할까봐 병원 가기가 두려웠다.

곰곰이 생각해보니 내 몸이 반란을 일으켰는지도 모르겠다. 삼백육십오일 하루도 쉬지 않고 칠십 년이 넘도록 부려먹었으니 무쇠 같은 장기라 할지라도 고장이 나고도 남을 일이다. 더구나 먹는 것을 즐기던 나는 채식보다 육식을 좋아했고, 기호에 맞는 음식이 아니더라도 위를 가득 채우고서야 숟가락을 놓는 버릇까지 있다. 당연한 것처럼 과식에 폭식까지 서슴지 않았다. 그러니 장기인들 얼마나 힘들고 부담스러웠겠는가. 아끼고 사랑하기는커녕 폭군처럼 부려 먹고도 왜 툭하면 아프냐고 구박을 했다. 장기들이 반란을 일으켰대도 할 말이 없다.

지금까지 위장만큼은 건강하게 타고났다고 자부했건만, 건강한 유전자도 무절제에는 속수무책이었던가 보다. 의학계에서는 장을 제2의 두뇌라고 한단다. 그렇게 귀한 장을 나는 무지하여 배설이나 돕는 것쯤으로 알고 푸대접했다. 내 힘으로는 머리카락 하나 나고 자라게 못 하면서, 오장육부 사대육신을 귀한 줄 모르고 함부로 대했다. 이쯤 되니 진심으로 미안하다는 생각이 들었다.

어릴 적에 어머니가 하셨던 것처럼, 내 손으로 배를 쓸어주면서 '미안하다. 함부로 대해서 정말 미안하다.' 사과했다. 그래도 배는 여전히 도려내는 듯이 아프다.

궁하면 통한다든가. 언젠가 한 번 먹고 찬장 깊숙이 넣어두었던 활성탄이 생각났다. 식용불가란 말이 마음에 걸리기는 하지만, 한 숟가락 푹 떠서 꿀과 함께 섞은 다음 따뜻한 물을 붓고 잘 저어서 꿀꺽꿀꺽 마셨다. 그렇게 세 번을 했다. 숯가루는 흡착력이 강해 모든 균을 끌어안고 배설한다고 한다. 플라세보 효과였을까? 내 몸에는 신기하게도 잘 들었다.

그리곤 근본적인 문제 해결을 위해 쉬운 것부터 실행에 옮겼다. 위를 위해서는 소화가 잘되는 음식을 먹고, 장을 위해서는 식이섬유가 많은 과일과 채소와 음료를 마시며 모든 신체조직의 활성화를 위해서는 운동을 시작했다.

요즘은 병원에서도 만병통치처럼 운동을 권한다. 그래서인지 산책로에는 밤늦게까지 걷고 뛰는 사람이 많다. 지구력이 부족한 나는 시작은 잘하지만, 꾸준히 이어가지 못하는 것이 흠이다. 그래서 이번에는 다짐하고, 또 다짐하면서 아침밥을 먹고 나면 무조건 집을 나선다. 햇볕을 쬐며 걷는다. 소신껏 근력운동도 병행한다.

그리고 면역력 강화에 좋다는 해독주스도 해 먹었다. 장 때문에 생채소를 못 먹던 내게 삶아서 먹는 법은 더없이 좋은 영양식이다. 아침 점심은 그대로 밥을 먹고, 저녁 한 끼는 채소 주스로 대신한다. 위에 부담이 적어 속도 편하다. 히포크라테스도 "음식으로 못 고치는 병은 약으로도 못 고친다."고 했다.

그렇게 하기를 다섯 달이 훌쩍 지났다. 아직도 여전히 먹는 것과 눕는 유혹을 뿌리치지 못해 운동 후에는 낮잠도 즐기고 있지만, 오늘도 모기에 뜯기면서 고봉산 누리길을 두 시간 오르내렸더니 보약 한 첩 먹은 기분이다. 이젠 발바닥에 굳은살도 박이고, 나쁜 습관에서도 벗어나는 중이다. 하지만 지금도 끈질긴 식욕에는 절제하지 못하여 체중은 2킬로그램밖에 줄이지 못했다.

그래도 잘 먹고, 배설 잘하니 무얼 더 바라겠는가. 뱃살 없는 날씬한 몸매가 평생소원이기도 하지만 이대로도 좋으니 아프지만 말라고 빌어 본다. (2014. 9)

내장사의 가을

핸드폰에서 문자 신호음이 난다. '단풍을 보려거든 2~3일 사이 내장사로.' 친구가 내장사를 다녀오면서 보내온 문자다. 올해는 단풍다운 단풍도 못 보고 가을이 다 간다고 생각했는데, 친구의 문자는 내 안에서 불이 되어 활활 타오른다. 얼른 다른 친구에게 '내장사 단풍이 한창이라는데 갈 생각 없어?' 하고 문자를 보냈다. 즉시 '좋다'는 답이 왔다.

친구의 추진력으로 다음날 아침 용산역에서 8시 15분발 정읍행 열차를 탔다. 9시 55분 도착 예정이다. 1시간 40분, 당일 코스로 적격이다. 정읍역에 내려서 시내버스로 갈아타고 구불구불 시골길을 달린다. 버스 기사 아저씨가 하는 말이 "손님 이곳 단풍이 제일 좋아요. 창밖 좀 보세요." 하기에 내다보니 정말 단풍 터널이 아주 근사하다. 근 30년 만에 다시 찾은 내장사다.

그사이 어른이 된 단풍나무들은 하나같이 화려한 옷을 입고서 무희처럼 나풀나풀 춤을 춘다. 단풍 축제 기간 3일을 남겨놓고 전국에서 몰려온 사람들로 잔칫집 분위기다. 가을비가 추적추적 내리는데도 뒤돌아가는 사람은 하나도 없다. 사람이 단풍인지, 단풍이 사람인지 모를 지경이다. 우리도 그들 틈에 끼어 한몫을 거든다. 단풍잎이 비에 씻겨서 그런지 더 선명하고 화사하다.

개울과 어우러진 단풍을 카메라에 담으면서, 왜 단풍 하면 내장사라고 말하는지 알 것 같았다. 사람도 그러하듯 유난히 예쁜 단풍 앞에서 색안경이 잘 어울리는 60대 초반의 여자 둘이 사진을 찍기 위해 자세를 취하고 있다. 팔짱을 끼고 "치즈" 하면서 미소를 짓자, 옆에서도 따라서 입꼬리를 귀밑으로 끌어 올린다. 찰칵, 찰칵, 순간이 찍힌다. 줄을 서서 순서를 기다리며 그들을 보고 있었다.

그런데 알고 보니 둘 다 시각 장애인이다. 핸드폰으로 사진을 찍던 여자는 도우미로 보인다. 어느 장애인 단체에서 버스 한 대가 온 모양이다. 순간 시각을 잃은 사람들이 단풍 구경을 왔다는 것이 이해되지 않았다. 저 사진은 누가? 어떻게 볼까? 하는 생각에 짠해졌다. 하지만, 그들은 무엇을 어떻게 보고 느꼈는지 잔칫집에서 포식한 하객처럼 하나같이 기쁜 표정들이다.

하기야 후각은 인간의 오감 중 시각이나 청각보다 더 원시적이고 본능적인 감각기관이라고 한다. 그러니 저들은 후각으로 인지하면서, 마음의 눈으로 단풍을 보고 즐기나 보다. 일상을 떠나와서 숲속의 신선한 공기를 마시는 자체만으로도 기쁨이고, 뺨을 스치는 바람결마저 도시와 다르니 오감을 자극하기에 부족하지 않을 것이다. 눈으로 보든, 마음으로 보든, 이 순간이 기쁘고 즐거우면 행복 아닌가. 그게 아니라면 무엇 하러 이 머나먼 내장사까지 단풍 구경을 왔겠는가.

10여 년 전에 줄기세포 문제로 떠들썩했던 황우석 박사가 생각난다. 배아줄기세포가 각종 난치병도 치료할 수 있다고 해서 얼마나 기대에 부풀었었던가. 인간복제라는 생명윤리 문제를 떠나서, 신체적으로 고통 받는 사람들에게는 기쁜 소식이 아닐 수 없었다. 그것이 특정인에게만 기회가 주어질지는 알 수 없었지만, 볼 수 없는 사람이 보고, 들을 수 없던 사람이 들으며, 걷지 못하던 사람이 걸을 수 있다면 이것이야말로 최대의 희망이고, 꿈같은 삶의 질을 높이는 지름길이 아니던가. 그런데 유명무실하게 떠들썩하다가 사라지고 말았다.

단풍 길을 따라 천왕문 앞에 이르니 나이배기 은행나무는 노란 잎을 떨어서 둥글게 카펫을 깔아놓았고, 그 옆에는 장삼을 입은 스님이 시주함을 앞에 놓고 현대음악을 기타로 연주하면서 노래를 부른다. 그런데 가수 뺨치게 잘한다. 스님하면 목탁이나 두드리며 염불만 외우는 줄 알았는데 세상 변해도 참 많이 변했다. 하기야 모두 변하는 세상인데 스님이라고 다르겠는가.

경내에는 독경소리가 조용히 흐르는데, 참선을 방해하는 발걸음 소리만 가득하다. 단풍도 겨울 채비에 들어 하나둘 떨어져 밟힌다. 우리는 비에 젖은 옷도 말릴 겸 대웅전 앞에 있는 정혜루(茶樂)로 들어갔다. 제법 많은 사람이 앉아있다. 차를 주문하려고 하니, 신도들이 직접 만들었다는 잘 발효된 녹차를 무료로 따라준다.

헌신봉사다. 물이 설설 끓는 무쇠난로를 등지고 앉아서 축축한 옷을 말리며 마시는 녹차 맛은 일품이다. 다관이 비자 더 따라주는 후덕한 인심에 가슴까지 따뜻하다. 인심이 곧 천심이라 했던가. 다시 오고 싶게 한다.

단풍으로 불타는 내장사를 뒤로하고 정읍역으로 나와서 이른 저녁을 먹고 상경했다. 집에 오니 밤 9시가 조금 넘었다. 멀고도 가깝게 느껴지는 단풍놀이였다.

(2016. 11)

나는 지금도 흔들린다

덕수궁 찻집 11시 방향 탁자 위에는 찻잔 하나를 놓고 앉아 신문을 뒤척이던 노신사가 있었다. 잘생겼다거나 세련되고 멋진 모습은 아니었지만, 수수한 그에게서 풍기는 이미지는 인생을 달관한 듯 편안해 보였다. 무엇을 하는 사람인지, 어디에 사는 누구인지 알 수는 없었지만, 살짝 외로워 보이기까지 한 그가 왠지 마음을 끌었다. 꼭 어디서 본 듯하다. 봄볕에 살구꽃 벙글듯 열아홉 처녀처럼 발그레 달아오른 얼굴로 자꾸만 그를 훔쳐보았다. 마주 앉은 친구의 이야기는 귓등으로 들으면서.

쨍한 봄볕 탓이었을까? 잠재의식 속에 웅츠리고 있던 끼가 봄바람을 따라와 가슴을 울렁이게 했다. 그동안 허한 가슴에 사모의 정을 숨겨두기라도 했던 모양이다. 하기야 그것도 없으면 산 사람이라고 하겠는가. 남모르는 비밀을 간직하고도, 나이와 체면 때문에 나와는 무관한 것처럼, 내숭을 떨었을 뿐이다. 이제라도 멋진 연애 한번 해보고 싶다. 눈인사도 못 해보고 가뭇없이 사라져간 짧은 만남이었지만, 어쩌다 그 찻집에 들어서면 행여나 하고 11시 방향을 살핀다.

흔들림 속에는 나를 사로잡는 것이 또 있다. 예쁘고 큼직한 눈이다. 마음의 창을 평생 새우젓 눈으로 살다 보니 예쁜 눈이 제일 부럽다. 신체 중에 어느 하나 자신 있는 부분이 없으니 모두가 부러움의 대상이기도 하지만, 아쉬운 대로 눈만이라도 키워보고 싶은 것이다.

하기야 내 얼굴에는 내 눈이 제격일지도 모른다. 작은 키에 어설프게 눈만 크다고 무엇이 달라지겠는가. 하지만, 점점 처지는 눈꺼풀 때문에 작은 눈이 더 작아지다 보니, 상큼하도록 치켜 올려붙이고 싶다. 그로 인해 콤플렉스에서 해방되고 자신감 있는 여자로 당당하게 살 수 있다면 일석삼조는 될 것 같다. 꿈같은 이야기지만 살맛 날 것이다.

그리고 옷이 날개라는 말처럼, 나도 마음에 드는 옷을 보면 태풍에 깃발 날리듯 마구 흔들린다. 능력도 없으면서 언감생심 눈독을 들이기도 한다. 뺄셈 덧셈을 한참 하고서야 제정신이 들면 자리를 뜬다. 의상실 경영 수십 년에 눈만 높아져서 웬만한 옷은 눈에 들어오지 않는 허영심도 있다. 장신구나 보석보다도 유난히 옷에 큰 매력을 느낀다.

그도 그럴 것이 작은 키에 뚱뚱해서 몸에 맞는 옷 고르기도 쉽지 않다. 품이 맞으면 어깨가 넓고, 어깨가 맞으면 품이 안 맞는다. 허리가 맞으면 엉덩이가 크고 엉덩이가 맞으면 허리가 작다. 이렇게 불균형 속에서도 나의 흔들림은 계속된다. 그렇다고 옷을 잘 입는 타입도 아니면서.

김난도의 「천 번을 흔들려야 어른이 된다」라는 책에 보면 "어른도 여전히 흔들리면서 조금씩 꼭 그만큼씩만 어른이 됩니다."라고 했다. 그렇다. 어른이라고 흔들리지 말라는 법이 어디 있는가. 어른도 흔들려야 한다. 그것이야말로 살아있다는 증거니까. 그러니 나의 흔들림은 지극히 당연한 것이다. 나도 여자이기 때문에.

흔들림의 대상이 어찌 찻집의 노신사나 눈과 옷뿐이랴. 흔들림 속에서 나이를 먹었고, 흔들림 속에서 일생을 산다. 흔들림이 청춘의 것만도 아니듯, 흔들림의 정체는 본능이다. 아무리 가냘픈 나무라도 죽으면 흔들림이 없다. 살아있을 때만 흔들린다.

(2012. 9)

내가 새라면

조선일보 미술관에서 닥종이 인형전이 열렸다. 육십여 점의 인형은 전형적인 한국인 몸매에 둥근 얼굴, 수줍은 듯 발그레한 볼, 동화 속 인물을 연상케 했다. 작품마다 작가의 삶이 배어있었다. 암탉이 병아리를 몰고 다니듯 엄마의 치마폭에는 언제나 천진스러운 다섯 아이가 있다.

어제는 인형전에서 사인 받아온 그녀의 수필집 『엄마를 졸업하다』를 읽었다. 책을 읽으면서 그녀에 대해 알게 되었지만, 어쩌면 김영희의 젊은 날은 따가운 시선과 손가락질받는 시간이었을지도 모르겠다. 전시회에 아르바이트생으로 썼던 독일 남학생을 만나 사랑에 빠진 것도 그랬지만, 열네 살이나 어린 남자에게 인생을 걸고 용감하게 독일로 떠난 것도 그랬다.

그 시댁 어른들은 또 어떠했겠는가? 공부하러 한국으로 떠났던 아들이 예쁜 처녀도 아니고 나이 많고 아이가 셋이나 달린 과부를 데리고 왔으니 얼마나 황당했겠나. 그래도 낯설고 물선 땅에서 젊은 남편과 아이 둘을 더 낳고 살다가, 그와의 인연도 길지 못해 결국 헤어지고 말았다. 좌절 속에서도 살아야 하기에 인형을 만들어 팔면서 다섯 아이를 키웠다. 작품마다 고단했던 삶의 흔적들이 고스란히 배어있다. 그 세월이 삼십 년이란다.

'내 젊은 날 독일에서'라는 작품에서는 벌거숭이 엄마가 옛날 생선장수가 함지박을 인 것처럼 커다란 냄비를 머리에 이고 있는데 냄비 속에는 초록물이 선명한 새싹들이 자라고 있었다. 양은냄비처럼 파르르 끓던 사랑의 결과로 오롯이 남겨진 다섯 아이를 상징하는 것 같았다. 그래도 초록 물로 표현한 것을 보면, 아이들이 살아갈 희망이라고 말하는 것 같아서 강인한 모성애에 연민을 느꼈다.

'내 고독한 자화상'은 커다란 손바닥 위에 작가가 털썩 주저앉아있다. 피하려 해도 피할 수 없던 삶. 가장 암울했던 시간이 아니었나 싶다.

'모차르트의 눈물'에서는 자기보다 더 큰 꽃송이를 끌어안고 꽃 속에다 눈물을 뚝뚝 떨어뜨린다. 아름답던 사랑도 슬픔으로 남았다는 뜻인가 보다.

'내가 새라면' 이 작품 앞에서는 오래도록 발길을 떼지 못했다. 그녀의 간절한 소망이 오래전의 나를 보는 듯해서다. 얼마나 날고 싶었으면, 얼마나 피하고 싶었으면, 날지도 못하는 거위 등에 앉아서 날고 싶다고 외치겠는가. 그 마음이 가슴까지 파고들어 먹먹했다. 나도 앞날이 암담했던 시절 그렇게 날고 싶었기 때문이다.

하지만 그녀는 '연극 같은 인생'과 '오페라'에서는 한바탕 춤으로 끼를 풀어내며, 아직도 식지 않은 열정과 욕망을 보여주고 있었다. '전시장에서'라는 작품에서 한 손엔 남자의 넥타이를 잡고, 한 손에는 펜을 들었다. 나이 칠십에도 미니스커트를 입고 하이힐을 신으며 눈화장을 짙게 하는 여자. 그는 지금도 고국에 있는 애인에게 연애편지를 쓴다고 한다.

많은 작품 중에는 아이들의 희망을 형상화한 것도 있었지만, 대체로 다섯 자녀를 키우면서 겪어야 했던 아픈 상처를 자기화했다. 그래서 그런지 수필보다 인형 작품이 더 감동을 주었다. 자녀들이 다 잘 풀리지는 못했지만, 장성하여 독립하고 나니 짐을 벗은 듯 홀가분하고, 혼자 있는 지금이 가장 행복하다고 말한다. 그녀처럼 나도 지금이 가장 행복하다.

(2014. 3)

그래도, 만년 청춘

2016년 연말이다. 송년 모임에 가느라 예쁘게 치장하고 집을 나섰다. 매서운 한파에도 발걸음이 가벼웠다. 장소는 '문학의 집 서울'이다. 식장에 들어서니, '그래도, 만년 청춘'이란 플래카드가 먼저 나를 반긴다. 너나없이 청춘의 시기를 지나온 지 오랜 동인들이다. 새록새록 젊음이 그리워지는 이때 '그래도'란 접속부사를 넣어 '만년 청춘'으로 살자니 감동이 아닐 수 없다.

오랜만에 만난 동인들이 환한 얼굴로 서로 얼싸안고 안부를 묻는다. 살아있어 다시 맞는 광경이다. 그간 세상 떠난 분도 있다. 화기애애한 분위기 속에서 이 선생의 사회로 송년회가 시작되었다. 이번에는 백임현 수필가의 '나는 왜 수필을 쓰는가?'란 강의로 '고전을 통해 얻어지는 깊은 사상'을 경

청했다.

이 모임의 모태는 오창익 교수님께 수필공부하던 목요반이다. 처음에는 식사하고 노래방 가는 것이 전부였지만, 해가 갈수록 행사의 규모가 커졌다. 지인들을 초대하고, 유명 강사진을 모셔다 수필 특강을 들으면서 격을 높였다. 봄가을로 여행도 다녔다. 그렇게 지나온 세월이 강산을 한번 변하게 하고도 서너 해가 흘렀다. 그러니 초창기만 해도 우리 모두 청춘이 아니던가.

어느 해는 자아실현의 꿈을 위해 공부하는 것으로 그치지 않고, 수필을 시처럼 짧게 써서 액자에 넣어 '문학의 집 서울' 전시실에 전시하고 자축하기도 했다. 더구나 회원이 책을 내면 송년 모임에서 출판기념회를 겸해서 함께 축하해 주기도 했다. 이것이 글 쓰는 모임의 보람이고, 한 해를 잘 살았다는 자부심을 품게도 했다. 그렇게 물심양면으로 행사를 이끄시는 회장님과 회원들의 협조가 있어 오늘까지 이어지고 있다. 그리고 행사 때마다 자기 전공을 살려 각종 악기와 노래로 봉사하신 분도 여럿이다. 이는 송년회의 꽃이요, 기쁨이다.

또한 이생진 선생님의 신들린 듯한 시세계도 엿보았다. 퍼포먼스를 곁들여 「그리운 성산포」를 비롯해 「고흐 너도 미쳐라」 「방랑시인 김삿갓」을 낭송하실 때 보면 객석은 조용한 소극장이 되곤 했다. 적지 않은 미수의 연세에도 수필 한 편

분량의 긴 시를 줄줄 외우시던 열정은 아무나 따라 할 수 없는 경지였다. '이어도에 가서 하루만 살다 왔으면 좋겠다.'던 노 시인. 영해 설정의 기점이 되는 '종합해양과학기지' 사진을 액자에 담아서 목에 걸고 태극기를 휘날리며, 이어도를 읊으셨던 그분이야말로 연세와 무관하게 '만년 청춘'으로 시세계를 빛낸 분이시다. 그 잔잔한 미소가 지금도 눈에 선한데 올해는 그분이 오시지 못했다. 병환 중에 계시던 사모님의 부재가 발길을 잡았다고 한다. 참으로 안타까운 소식이다.

언제나 이생진 선생님과 동행하던 현승엽 선생만 혼자 와서 여전한 창법으로 한기 든 가슴을 데워주었다. 그 또한 만년 청춘으로 사는 나그네 같은 남자다. 그렇게 행사를 이어오는 동안 풋내기가 겁 없이 「언제 또 올래」란 수필집을 펴내기도 했다. 그래서 2012년도 연말은 나의 출판기념회가 되기도 했다.

지난 월요일 아침이다. 소소리출판사로부터 전화가 왔다. "선생님 기쁜 소식이 있어요. 어느 독자가 도서관에서 선생님 책 『언제 또 올래』를 빌려다 읽었는데, 슬럼프에 빠져 지내다 힘을 얻으셨다고 하셔요. 어느 명문의 글보다도 진솔해서 좋았다고 하면서, 혹시 그 작가의 다른 책이 또 출간되었으면 알려달라고 하셨어요. 그러니 용기 내서 부지런히 글 쓰세요." 했다.

그러고 이틀 뒤에 그분의 자부에게서 메일이 왔다. 내용은 거의 같았다. 시어머니가 병환 중이어서 집안이 우울했는데, 시아버님께서 『언제 또 올래』를 읽고 음성까지 밝아지셨다는 것이다. 그래서 고맙다고 하면서 계속 좋은 글 많이 쓰란다. 내가 고마워해야 하는데 그쪽에서 고맙다고 한다.

낯모르는 독자에게서 이런 격려를 받으면 부끄러우면서도 용기가 난다. 한번은 『창작수필』에 발표된 「평심루에서 평심을」 읽고 일산에서 인테리어 가게를 한다는 어느 여자분이 친구하고 싶다며 메일을 보내왔다. 그럴 때마다 민망하면서도 감사하다.

그동안 글이 써지지 않아서 못 쓰고 있다가, 미루어두었던 미완성 원고에서 「그래도, 만년 청춘」이란 제목을 끄집어내어 이렇게 자랑의 글을 쓴다. 독자의 격려 한마디가 꺼져가던 심지에 기름이 됨을 전하고 싶다.

(2017. 2)

나우루, 그리고 우리

2017년 10월 달력은 휴일로 시작된다. 9월 30일이 토요일이고 10월 2일이 징검다리 공휴일로 지정되어 추석 연휴가 장장 10일간이다. 거기에 공휴일 4일을 더하니, 직장인은 16일 일하고 한 달 봉급을 받는 기분 좋은 달이다. 그런데… 왜 '나우루의 비극'이 생각나는 걸까?

나우루(Nauru)는 남태평양 적도 부근에 위치한 작은 섬나라다. 면적이 21㎢에, 섬 일주도로의 길이가 18㎞ 밖에 안 되는, 울릉도의 1/3 크기의 섬이다. 인구가 약 1만 명쯤 되는 이 나라는 천연자원으로 인해 지상낙원으로 불리었다.

이 섬에는 바닷새의 배설물이 수백만 년 동안 쌓여 만들어진 인광석이 섬 전체에 매장되어 있었다. 비료를 만드는 데 매우 중요한 인광석은 석유보다 비싼 가격에 거래되는 자원이다. 이것이 세상에 알려지면서, 강대국들에 수탈당하다가, 1968년에서야 독립한 작은 공화국이다. 순도 100%의 인광석은 섬 어디를 파든지 쏟아져 나왔다. 그로 인해 국고는 넘쳤고, 국민은 혜택을 누렸다. 모든 세금 면제, 무상교육, 원하는 사람은 외국 유학까지 정부에서 보내주었다.

남녀가 결혼하면 집은 물론이고 가정부까지 입주시켜 살림과 육아를 돌보게 했다. 정말인지는 몰라도 정부에서 지급되는 생활비로 전용 비행기를 타고 이웃 나라로 쇼핑하러 갈 정도로 호사를 누렸단다. 모든 생필품은 최상품으로 수입해서, 먹고 마시고 쓰면서 일은 하지 않고, 놀이에만 정력을 소비했다. 심지어 국가 공무원까지 값싼 외국 인력을 고용해서 썼다니 말해 무엇 하겠는가.

그렇게 호화롭게 살던 지상낙원은 자원이 고갈되자 독립한 지 불과 30년 만에, 2006년에는 최빈국으로 전락하고 말았다. 호화 생활로 길든 육체는 성인병이 만연했고, 일하는 방법을 몰라서 아무것도 할 수 없는 무능한 국민이 되었다. 지금은 운영비가 없어서 버려진 외제 자동차가 즐비하게 처치곤란으로 남아있다고 한다. 회생 불가능한 나라가 되었다. 더구나 지구 온난화로 해수면이 높아지면 가장 먼저 물에 잠길 위기의 나라라고 한다.

이 말씀을 목사님으로부터 들으면서 불현듯 떠오른 것이

우리나라다. 지난달까지도 트럼프와 김정은의 날선 공방은 이러다가 정말 전쟁이 나는 것은 아닐까? 하는 불안을 안겨 주었다. 어제만 해도 호수공원에서 불꽃놀이 하는 소리를 포탄소리로 알고 긴장했었다. 애국자는 못되지만, 온 국민이 피땀으로 이룩한 이 나라에 전쟁만은 없어야겠다.

전쟁을 겪은 우리나라도 불과 5~60년 전에는 최빈국이었다. 남의 나라에서 원조를 받아먹었고, 나물죽으로 연명했으며, 미군 부대에서 나오는 꿀꿀이죽도 고급 음식 대접을 받던 시절이 있었다. 의복은 물론이고 양말과 고무신까지 덕지덕지 기워 입고 신었다. 한데 지금은 어떤가?

국민소득 3만 불 시대를 바라보면서, 농사를 짓지 않아도 먹을 것이 남아도는 나라가 되었다. 음식물 쓰레기는 말할 것도 없고, 멀쩡한 가구나 생필품까지도 마음에 들지 않으면 버리고 새로 사들이는 시대가 되었다. 그래야 경제가 살아나는 것인지는 모르지만, 엄청난 빚을 지고 사는 나라에서 수입보다 지출이 많으니 앞으로 어찌 될까 하는 걱정이 앞선다. 그래도 살기 어렵다는 말을 입에 달고 산다. 전쟁을 겪지 않은 세대는 몰라도 너무 모른다. 하기야 내가 잘사는 사람들의 심리를 어찌 알겠는가만 해도 해도 너무하다는 생각이 들 때가 많다.

짧은 기간에 이만큼 발전한 나라는 세계에서 우리나라밖에 없다고 한다. 한 달에 두 번 놀던 공휴일도 반납하고 일하며 여행은 꿈도 못 꾸고 살아온 나로서는 노파심인가 불안을 감출 수가 없다. 너도나도 여행을 떠나고, 맛집을 찾아 고속도로에서 줄을 서서 기다려야 사는 맛을 느끼는 세상이다. 소비 대국이란 비아냥거림에도 상관없이 사는 것 같다. 엊그제는 평창 동계올림픽을 겨냥한 KTX 경강선이 개통되었다. 동해의 푸른 바다가 보고 싶으면 언제라도 서울역에서 2시간만 투자하면 강릉 바다를 볼 수 있다. 가는 곳마다 먹고 놀자 판이다. 이래도 되는가 싶다.

뿐인가. 노인 천국이기도 하다. 복지정책이 잘 되어있어서 만 65세만 넘으면 지하철도 공짜요, 고궁 관람도 공짜다. 누구든지 원하면 공부도, 취미생활도 마음대로 하는 나라다. 나라 크기로 보자면 세계에서 3번째로 큰 미국도 못 하는 전 국민 의료보험을 109위인 우리나라는 실시하고 있다. 재산이 적은 노인에게는 노령연금까지 주어서 용돈 걱정을 덜었다. 이만하면 우리나라 좋은 나라 아닌가. 나는 우리나라가 참 좋다. 그런데 좋으면서도 은근히 걱정된다. 나우루처럼 될까 봐.

오늘도 뉴스를 보니 인천공항이 북새통이다. 연말을 맞아 해외로 떠나려던 여행객이 안개 때문에 비행기가 결항하자, 노숙자처럼 공항 바닥에서 쪽잠을 청하고 있다. 행복한 노숙자들이다. 그들을 보면서 왠지 '하느님이 보우하사' 기도 같은 애국가가 흘러나온다. (2017. 12)

3.

빗장 푸는 여자

목마름 속에서도 생물들이 살아서 꽃을 피우고 종족 번식하여 대를 이어가는 것을 보면서 끈질긴 생명력에 감탄하지 않을 수 없었다. 그들을 보면서 아침에 나가면 밤늦게야 돌아오는 아들의 삶도 저렇게 목마른 것이 아닐까 싶어 가슴이 짠했다.

물 한 방울 없는 뙤약볕에서 아침 이슬로 목을 축이고 꽃을 피운 장다리에게 '너 참 장하다.' 한마디 남기고 돌아왔다.

엔젤 아일랜드

여행이란 일상 탈출이기도 하지만, 긴 인생 여정에는 필수이기도 하다. 무기력하게 느껴질 때, 또는 권태로울 때 여행은 보약과 같아서 용기도 되고, 활력소도 된다. 단 여행에서 버릴 줄도 알고 취할 줄도 알아야 약이다.

오늘은 샌프란시스코에 있는 천사의 섬을 가기로 했다. 여객선을 타고 가면 한 번 갈아타야 하는 번거로움도 있지만, 찻길이 아닌 뱃길로 가면서 보는 주변 풍광이 아름답고 재미있다고 한다. 아들을 따라 오클랜드 선착장으로 향했다.

주차장에 차를 세우고 배를 타러 가는 도중에 괴이한 광경을 만났다. 지금은 볼 수도 없는 옛날 자동차들이 새 차처럼 단장하고 광장에서, 미인 대회에 나온 미녀들처럼 자신을 뽐내고 있었다. 이것을 전문 용어로 무어라 말하는지는 모르지만, 이런 차를 좋아하는 사람도 있나 싶을 정도로 괴물 같은 차도 있다. 앞 범퍼를 열어서 내부와 출고 연도까지 자세하게 공개하고 있었다. 새치름하게 멋을 부린 장밋빛 세단 앞에서 내 차인 양 사진도 찍었다. 오색 페인트로 추상화를 그려 넣은 차도 있다. 인종만큼이나 다양하게 변한 차들을 보면서 참 알 수 없는 문화요, 취미란 생각을 했다. 깜짝 쇼처럼 잠시 열리는 희귀자동차 전시장이었다.

선착장에 도착하니 여름에만 운항하는 개장 첫날이어서 사람이 많지 않았다. 30여 분을 기다려 유람선에 올랐다. 유유히 미끄러져 가는 선상에서 스치는 풍경들을 만난다. 차를 타고는 볼 수 없던 색다른 풍경이다. 약 한 시간을 그렇게 가서 오클랜드와 샌프란시스코를 이어주는 베이브리지(Bay Bridge)에 이르렀다. 샌프란시스코의 가장 아름다운 풍광을 가까이에서 본다.

도심의 거대한 빌딩들이 바다 위에 동동 떠 있는 듯 환상적이다. 관광명소답게 개발을 피하고 지형을 잘 살려서 산꼭대기까지 빈틈없이 예쁜 집들로 빼곡히 채운 샌프란시스코. 전차도 이색 볼거리 탈거리 중의 하나다. 이곳의 자랑이라 하겠다.

샌프란시스코 선착장에서 다시 배를 갈아타고 15분쯤 더 가야 엔젤 아일랜드(Angel Island)가 나온다. 만을 이룬 주변 풍광이 아름답기로 유명한 곳이다. 가는 방향 우측에는 앨커트래즈(Alcatraz)란 섬이 있는데, 이 섬은 50년 전만 해도 흉악범들의 감옥이었다고 한다. 혹시 수감자가 탈출한다 해도 수온의 차가 커서 살아남지 못하는 악조건을 가졌기 때문이었단다. 영화 '빠삐용'에서도 그 배경을 자랑했던 악명과는 달리 멀리서 보니 아름다운 자태를 간직하고 관광객을 부르는 바위섬이다.

천사의 섬은, 예전에 이민자들이 옮겨오는 질병을 막기 위해 이곳에서 입국 심사를 했었다고 한다. 해서 1910년부터 40년 동안 100만 명이 넘는 아시아계 이민자들이 여기를 거쳐 간 이민역사의 상징적인 곳이란다. 아메리칸 드림을 꿈꾸던 우리나라 사람들도 여기서 입국 심사를 받았을 것이다.

선착장에서부터 천사의 섬 정상까지 왕복하려면 3시간이 걸린다. 자유 시간도 3시간이다. 아무래도 내가 갔다 오기에는 벅찰 것 같았다. 갈 수 있는데 까지만 갔다가 내려오면 된다는 아들의 말에 힘입어 산을 향해 올랐다. 촬영 감독의 요구에 따르는 배우처럼 경치 좋은 곳마다 아들의 사진기에 눈을 맞춘다. 금문교를 배경 삼기도 하고, 바다를 품듯 두 팔을 벌리기도 했다.

섬 자체는 별로 아름답다 할 것이 없으나 오르면서 아래로 보이는 풍경들이 환호하게 한다. 이름난 부자와 예술인이 산다는 마을 앞에는 푸른 바다에 하얀 요트가 수없이 떠있다. 영화에서나 봄 직한 멋진 장면이다. 정말 주변 경관이 빼어난 천혜의 섬이다. 정상에서는 360도 풍경을 감상할 수 있는 곳이기도 하다.

그곳에서 가지고 올라간 점심을 먹고는, 배 시간에 쫓기어 뛰다시피 내려왔다. 아들은 배를 놓치면 샌프란시스코로 가서 전철을 타고 가는 방법도 있으니 걱정하지 말라고 했지만, 미국이란 나라가 어디 한국처럼 대중교통을 쉽게 이용할 수 있는 곳이던가.

그렇게 하면 오클랜드 선착장에 세워놓은 자동차는 어찌할 것인가. 1, 2분이 모자라서 배를 놓치고 나면 얼마나 약이 오르겠나 싶어서 무리했더니 다리, 허리가 시큰거린다. 그래도 아들이 든든한 보호자가 되어 주어서 시간에 딱 맞게 도착해서 우리 뒤에 한 팀을 더 태우고 배는 아침에 떠났던 곳으로 되돌아왔다.

(2015. 6)

되로 주고 말로 받다

오늘 목사님의 설교 제목이 '자비와 긍휼'이었다. 하나님이 우리를 자비와 긍휼로 돌보시듯, 우리도 그렇게 살자는 말씀이었다.

예배를 마치고 점심을 든든히 먹은 후 집으로 돌아오던 길이었다. 유난히 기승을 부리던 가마솥더위도 태풍 '솔릭'의 위력에 놀라 도망갔는지, 비는 오지 않고 흐린 날씨에 바람결이 시원하게 느껴졌다. 그동안 덥다는 핑계로 걷기 운동도 못 했기에, 소화도 시킬 겸 걷기로 했다. 20분쯤 걸어가 일산역에서 경의중앙선을 타고 한 정거만 가면 우리 집이다. 그런데 누가 앞을 가로막는다.

"좀 도와주세요. 어제저녁 먹고 아무것도 못 먹었어요."

그의 손에는 꾀죄죄한 껌 대여섯 통이 들려있다.

"요즘 세상에 왜 밥을 굶어요. 앞에 있는 노인정에만 가도 밥을 주는데."

잘난 척 핀잔의 소리만 내뱉고 냉정하게 지나쳤다.

그는 뒤통수에다 대고 "백 원짜리도 없어요?" 한다. 그래도 못 들은 척하고 가는데, 내 안에서 전쟁이 일었다.

'네가 도와주면 얼마나 주겠다고, 천 원짜리 하나면 될 것을. 쯧쯧. 지갑에는 이만 칠천 원이나 있구먼.'

오십여 미터쯤 가다가, 설교 말씀이 생각나서 돌아섰다. 그가 저만치 가고 있다. "아줌마." 하고 소리쳐 두 번을 불러도 차 소리 때문에 듣지 못하고 그냥 간다. 에라, 모르겠다. 하고 몇 발짝 따라가다가 돌아서고 말았다.

그런데 싸움이 계속되었다.

'너보다 약자라고 그렇게 함부로 말을 해도 되니? 네가 그 상황이 돼봤어? 왜 남에게 함부로 말해? 요즘 세상에 왜 밥을 굶느냐고? 그럴 수도 있지. 네가 세상일을 다 알아? 동냥은 주지 않고, 쪽박만 깬다더니 딱 그 짝이구나?'

정곡을 찌른다. 그래서 다시 돌아섰다.

이제는 아줌마가 보이지 않는다. 그대로 갈 수도 없다. 그가 간 길을 따라 뛴다. 한참을 가다 보니 저만치 길 건너에 그녀가 가고 있다. 건널목 신호도 무시하고 뛰었다. 다행히 이면도로라서 차가 없었다. "아줌마." 하고 세 번을 소리치니 돌아본다. 그제야 아줌마와 눈이 마주쳤다. 상황들이 보인다. 키는 나처럼 단신이고, 몸피는 깡말라서 바람이 세게 불면 날아갈 것 같다. 얼굴은 고난에 찌들었고, 개미허리는 굽어서 펴지지 않는다.

"아줌마, 아까 제가 한 말 미안해요. 마음에 두지 마세요." 하고는 천 원 하나를 내밀었다. 그래도 아줌마는 고맙다면서 묻지 않은 말을 꺼낸다. 자기는 서른여덟에 딸 셋을 데리고 혼자되었는데 "마흔다섯 된 큰딸이 많이 아파요." 하면서….

"아줌마는 자식이 몇이나 돼요?"

"아들 하나예요."

"딸은 없고요?"

"네."

"그럼 그 아들 복 많이 받으라고 하세요. 이제 우리가 복 받는 것보다 자식 잘되는 것이 제일이잖아요." 한다. 되로 주고 말로 받았다. 외모와는 달리 마음이 참 예쁘다. 어려움 속에서도 자식 잘되기를 염원하는 엄마의 마음이다. 등을 어루만지면서 건강하세요. 하고 돌아서려는데, 아까부터 눈에 띄던 사람이 이리로 오고 있다.

아줌마와 떨어진 거리에서 뒤를 따라가던 여자다. 내가 아줌마를 처음 부를 때도 그가 먼저 뒤를 돌아보았고, 뛸 때도 그는 천천히 걷고 있었다. 그제야 '딸이 많이 아파요' 하던 아줌마의 말이 이해가 되었다. 그는 난쟁이다. 대여섯 살짜리만 하다. 걸음이 늦어서 그제야 도착한 거다.

아무것도 못 먹었다던 아줌마의 입에서는 술 냄새가 풍긴다. 보는 이의 시각에 따라 견해차가 있겠지만, 그의 짠한 가슴앓이에는 약이 되었겠구나 싶었다.

"술 잡수셨네요?"

"네, 저 건너 떡볶이집에서 막걸리 한잔했어요." 한다. 아마 딸을 데리고 가서 떡볶이로 외식시켜주고 오던 중이었나 보다.

그를 보내고 돌아서서 집으로 오는데 역겨우리만치 쪼잔한 내가 보인다. 어떤 사람은 빌딩 관리를 하면서도 월급을 받으면 3분의 1을 뚝 떼어서 어려운 사람들에게 도움 주기를 십여 년인데, 나는 퍼런 지폐 하나도 쥐여 주지 못하면서 주제넘은 행동으로 남을 아프게 했다. 수십 년 교회 문을 드나들었으면 무엇 하는가. 달라진 것이 하나도 없다. 교회 안에서는 천사처럼 말하고 행동하다가도, 교회 문만 나오면 사단의 종이 된다. 노인정에서도 허세가 심하여 돈푼이나 있으면 대접을 받지만, 가진 것 없으면 냉대에 밀려 그 자리에 끼지도 못한다던데. 이미 내뱉은 말은 주워 담을 수도 없다. 후회해도 소용없다. 침묵도 기술이라는데, 차라리 아무 말도 하지 않았더라면 좋았을 것을.

"오, 신이시여! 우리가 남의 신을 신고 보름 동안 걸어보기 전에는 남을 판단하거나 비난하는 일을 삼가게 하소서."라는 인디언의 기도문처럼, 언젠가 또 오늘 같은 상황이 온다면 쪽박을 깨는 행동만은 되풀이하지 않기를 기도한다.

(2018. 8)

멘탈(Mental) 피서

올여름은 전국이 폭염으로 몸살을 앓는다. 한라산 백록담도 물이 말라 거북 등이 되었고, 농작물은 가을 추수 때처럼 물기를 거두었다. 그뿐이 아니다. 바다도 30도를 웃도는 수온에 양식 어류가 떼죽음을 당했다. 태풍도 일본을 관통할 뿐 우리나라는 비켜 갔다. 어제 경북 영천의 최고 기온이 39.4도. 기상청이 생긴 이래 가장 높은 기온이었다고 한다.

나는 사계절 중에 여름이 제일 싫다. 추운 것보다 더운 것을 못 참기 때문이다. 그래서 나 같으면 여름이 없으면 좋겠다. 피서를 떠날 형편도 아니어서 선풍기 하나로 찜통더위를 견디자니 만만찮은 인내를 요구한다. 더구나 맨 위층이다 보니 종일 땡볕에 달구어지면 방바닥까지 뜨끈하게 데워진다. 가만히 앉아있어도 땀이 줄줄 흐른다. 그 열기가 새벽 2~3

시쯤 되어야 조금 식는데, 열대야로 잠을 설치다가 잠들만 하면 또 해가 떠서 다시 씨름하게 한다. 온 국민이 겪는 일이지만, 유난히 열 체질인 나는 남극이나 북극을 그리워하지 않을 수 없다. 얼음물도 목으로 넘어가는 순간만 시원하다.

오늘도 더위를 어떻게 피할까 고민하고 있는데, 지인이 카톡으로 시원하게 쏟아지는 폭포의 동영상을 보내왔다. '이것을 보면서 더위를 이기시라'는 문자와 함께. 6~7m쯤 되는 폭포가 소(沼)로 떨어지면서 하얀 물보라를 일으킨다. 물소리가 현장감을 더해 시원하게 느껴진다. 삼척 육백산의 이끼폭포란다. 잠시나마 시각효과 만점이다. 이야말로 멘탈(Mental) 피서의 으뜸 아닌가.

미국에서 4년 만에 다니러 온 손자가 "할머니 너무 더워서 잠을 못 자겠어요." 하면서 자정을 넘긴 시간에 PC방으로 가는 것을 보면서도 말리지 못했다. 이럴 때 능력 있는 할미였더라면 에어컨을 빵빵하게 틀어 주거나, 유명 피서지로 데려가 더위를 피하게 했더라면 얼마나 좋았을까? 모처럼 온 손자에게 미안했다.

문이란 문을 다 열어놓아도 소용이 없다. 밖이나 안이나 온도가 다를 바 없기 때문이다. 워낙에 달구어진 열 때문에 선풍기에서도 더운 바람이 나온다. 그동안 남들처럼 전철 피서도, 극장 피서도 다녀보았지만, 그것도 최선책은 아니었다.

밥 사 먹고 입장료 내고도 시간이 남아 두세 탕씩 뛰자니 그만큼의 값을 요구했기 때문이다. 하는 수 없이 오늘은 시원한 수박이나 먹으면서 집에서 견뎌 보기로 했다. 그런데 35도를 웃도는 한낮의 더위는 장난이 아니다. 수건을 적셔서 냉동실에 넣었다가 꺼내어 어깨에 두르기를 반복하면서, 컴퓨터에서 남의 카페나 블로그를 드나들며 세계적으로 유명하다는 피서지를 찾아 멘탈 피서를 즐긴다.

그리고 나만 즐기는 피서법이 또 있다. 그동안 여행지에서 주워온 돌멩이나 조가비들이 있다. 이들을 들여다보면 바다도 있고 강도 산도 있다. 제주 올레길에서 온 것도 있고, 백담 계곡에서 온 것도 있다. 그리고 가장 멀리서 온 것은 지난해 씨에라네바다 산맥 다섯 번째 호수에서 건져온 돌멩이다. 이것을 보면 4천 미터급 설산이 성큼 다가서기도 하고, 얼음이 녹아내린 호수의 차갑던 촉감이 살아나 오싹하는 기분이 되기도 한다. 이만하면 경제적이고 시간 낭비 없는 정신적 피서가 아닌가. 오늘은 무더운 하루해가 이렇게 저물어 간다.

(2016. 8)

두 친구

나에게는 진실한 친구 둘이 있다. 이런 친구 하나만 있어도 성공한 인생이라는데 둘이나 있으니 큰 행운이라 여긴다. 어려움에 빠져도 등 돌리지 않는 친구들이다.

두 친구의 이름은 정발산과 고봉산이다. 정발산은 해발 88m이고 고봉산은 208m다. 이들과 인연 맺은 지 십오 년이 넘었다. 일방적으로 내가 찾아가야만 만날 수 있다는 것이 아쉽기는 하지만, 언제라도 시간 약속 없이 무조건 찾아가도 같은 자리에서 한결같은 마음으로 맞아주는 친구다. 그래서 무료하다거나 마음이 뒤숭숭할 때는 무조건 그를 만나러 집을 나선다. 비가 오나 눈이 오나 변함없이 너른 품으로 맞아주는 친구들. 그들을 만나면, 우울하던 기분도 어느새 상쾌해지고 행복감이 살포시 밀려든다. 어느 친구가 이렇게 약이 되겠는가. 말없는 대화 속에서도 무한한 기쁨을 느끼게 해주는 이들이야말로, 백 마디의 말보다 효과적인 위로가 된다. 그래서 나는 이들이 참 좋다.

이들은 사람들과 달리 흉허물을 털어놓아도 과장하여 추측성 발언으로 옮길 줄도 모르는 믿음직한 친구들이다. 오직 진실만을 표현하고 상대가 느껴서 알게 가르친다. 그러니 이들은 나의 스승이기도 하고, 애인이기도 하며, 부모님의 품처럼 따뜻한 친구이기도 하다. 어떤 때는 무덤덤하게 맞아주다가도 어떤 때는 화들짝 놀라서 환호하게도 한다. 그것이 다 내 마음 상태에 따라 느껴지는 감정이지만, 계절 따라 겉모습은 변해도 변함없는 친구들 덕분에 나는 늘 평정심을 찾는다.

그날 기분에 따라 찾아가는 곳이 다르지만, 이들 중에 누가 더 좋으냐고 묻는다면 할 말이 없다. 나름대로 장점이 다 있기 때문이다. 정발산이 여성이라면, 고봉산은 근육질의 남성이다. 때로는 여성이 좋기도 하고, 어떤 날은 남성이 그리워서 날마다 같은 곳을 찾지 않는다.

그간 내 건강을 위해 일주일에 서너 번씩 불쑥불쑥 빈손으로 찾아가 신선한 공기만 축내고 돌아왔지만, 저들은 봄여름 가을 겨울 할 것 없이 축제를 준비하고 나를 맞아주었다. 어쩌다 발길이 뜸하다 싶으면 어서 오라고 손짓을 하기도 한다. 그럴라치면 나도 만사 제쳐놓고 달려가 그를 만난 기쁨을 안고 돌아오곤 한다. 기암괴석이 자리한 명산은 아니지만, 호들갑스럽게 뜨거웠다가 차가워지는 법도 없다. 그래서 정도 들 대로 들었다.

오늘은 눈이 살포시 깔린 정발산 오솔길을 걸었다. 내가 좋아하는 길이기도 하다. 나만 그런지는 모르겠지만, 산길에서도 공연히 마음이 편안해지는 구간이 따로 있다. 이 길이 그랬다. 그런데 어제까지도 낙엽이 푹푹 쌓였던 길을, 누가 산사의 앞마당처럼 비로 싹싹 쓸어놓았다. 기온이 영하로 내려가고 자욱 눈도 왔으니 언 낙엽을 밟고 미끄러져 다칠까봐 그랬나보다. 이 배려는 누구의 희생일까? 구불구불한 오솔길이 제법 긴데 말끔하다. 내 마음조차 깨끗해지는 기분이다. 더불어 사는 산을 닮은 사람인가 보다.

산은 여러 생명을 품고도 불협화음을 모른다. 찾아드는 생명을 내칠 줄도 모른다. 철새도 모이고 텃새도 모이고 다람쥐며 청설모도 모여든다. 사람들도 모여들어 오솔길이 제법 반질반질해졌다. 고마운 친구들 덕에 오늘도 나는 맑은 산소를 마시며 활짝 웃는다.

(2018. 01)

뉴스 보기가 무섭다

요즘은 뉴스 보기가 무섭다. 부모가 자식을 살해한 사건들이 터져 나온다. 초등학교 1학년짜리 아들이 말을 듣지 않는다고 때려 숨지게 한 비정한 아버지가 그 시신을 훼손해서 일부는 자기 집과 공공건물 화장실에 버리고, 일부는 냉동실에 넣어둔 사건이다. 그러고도 아무 일 없던 듯이 이사도 하고 일상생활을 해왔다는 것이다. 그것도 3년 2개월간이나….

이것은 정신장애가 아니면 있을 수 없는 일이다. 그 사건이 있고 채 한 달도 되지 않아 같은 도시에서 아버지가 여중생 딸을 때려 숨지게 한 사건이 또 발생했다. 계모의 동생 집에 얹혀살면서 가출할 수밖에 없었던 딸의 입장을 고려하지 않은 아버지가 딸의 가출과 도벽을 매로 다스리겠다는 착각에서 빚어낸 참극이다.

그는 교육 차원에서 혼을 냈을 뿐이라고 말했지만, 딸이 생명을 잃을 정도로 매를 가했다는 것은 사랑 없는 아버지의 인격을 그대로 드러낸 셈이다. 그러고도 딸의 시신을 침대에 그대로 방치해 거의 미라가 된 상태에서 발견되었다. 시신이 부패하자 냄새를 막기 위해 방향제를 뿌리고 향초를 피우며, 습기제거제까지 동원했다고 한다. 그래도 역겨운 냄새를 막을 수 없듯이, 그들의 죄도 밝히 드러나 법의 처벌을 받게 되었다.

더욱 충격적인 것은 그 아버지의 직업이 목사라는 사실이다. 유학파 엘리트 목사가 기도하면 살아날 줄 알고 기도했다니 이게 말이나 되는 이야긴가. 자기를 하나님으로 착각한 모양이다. 그러고도 11개월 가까이 신학 대학에서 강의도 하고, 성도들 앞에서 설교도 했다니 도대체 양심이라는 게 있기나 있느냐 묻고 싶다. 예수를 믿는 사람으로서 충격이 아닐 수 없었다.

이런 일이 터지고 나니 여기저기서 은폐했던 사건들이 줄줄이 나온다. 엊그제도 5년 전 딸을 때려 숨지게 한 어머니가 사체를 야산에 유기했다가 발각이 되었다. 어쩌다가 동방예의지국이 이런 지경까지 이르렀을까? 자식이 부모를 해하는 것도 천륜을 저버리는 하등 동물만도 못한 행위인데, 하물며 부모가 자식을 아니, 엄마가 배 아파 낳은 자기 자식을 살해하고 은폐하다니. 자식은 소유물이 아니다. 엄연한 한 인격체다. 세상에서 가장 아름다운 이름이 어머니라는데 이제는 이 말도 달리해야 할 것 같다. 모성애란 말도 사라질 위기를 맞은 듯하다.

그래도 현장검증에 나온 범인들이 부끄럽기는 부끄러운 모양이다. 하나같이 모자를 눌러쓰고 얼굴을 마스크로 가렸다. '참을 인(忍)' 자 셋이면 살인도 면한다 했는데 조금만 입장 바꿔 생각했더라면 얼마나 좋았을까. 하기야 그들도 애초부터 살해를 목적으로 매를 들지는 않았을 것이다.

미움이 화가 되고, 화가 커지다 보니 돌이킬 수 없는 지경까지 이르렀을 것이다. 그러나 이건 해도 해도 너무한 사건들이다. 언젠가는 명문대 학생이 아버지의 훈육이 싫어서 아버지를 살해하고 할머니에게 들키자 할머니까지 같은 방법으로 살해한 뒤 죄를 은폐하려고 집에 불을 지른 사건이 있었다. 이렇게 패륜아 사건도 부지기수다. 정말 동방예의지국은 실종되려나 보다.

얼마 전에 MBC 방송에서 '엄마'라는 연속극을 했다. 큰딸이 신장 기능을 잃게 되자 딸 몰래 엄마가 딸에게 콩팥 하나를 떼어 주려고 한다. 수술실 앞에서 신장 기증자가 엄마라는 사실을 알게 된 딸은 눈물을 흘리며 엄마의 것은 안 받겠다고 고집을 부렸지만, 엄마는 줄 수 있는 것이 있어 기쁘다고 하면서, 수술 침대에 누워서 기도한다. 내게 있는 신장뿐 아니라 모든 것을 주고 껍데기만 남아도 좋으니 우리 딸만은 건강하게 지켜달라고. 이것이 보통 엄마들의 정신이다.

세상이 아무리 악해진다 해도 희망적인 것은 평범한 부모나 자식 대다수가 이런 모범적인 국민에서 벗어나지 않는다는 사실이다. 소수의 범죄자가 있을 뿐, 평범한 사람들이 세상을 이끌어가고 있다. 그러기에 아직 희망적이라 하겠다.

(2016. 2)

뭍도, 바다도 아닌 섬

연안부두에서 배를 타고 2시간쯤 가면 소이작도가 나오고, 조금 더 가면 대이작도가 나온다. 오늘의 최종 목적지는 대이작도에 있는 풀등이다.

섬 여행은 넓은 바닷길을 달리기에 속까지 시원해진다. 크고 작은 섬들을 지나 대이작도에 도착한 시간은 열 시가 조금 넘어서다. '자연이 살아 숨 쉬는 대이작도'란 표지석이 먼저 우리를 맞는다. 예약된 숙소에 짐을 풀고 풀등으로 가기 위해 다시 바다로 나왔다. 민박집 아줌마의 주선으로 통통배를 탔다. 풀등은 대이작도의 보물섬이다. 하루에 두 번만 모습을 보여주는 섬. 그 물때를 맞추느라 집에서 날이 새기도 전에 나왔다.

해양생태보호구역으로 지정된 대이작도에는, 경사가 완만

한 해수욕장도 서넛 있으며, 자연경관이 아름다워서 여름이면 손님이 끊이지 않는다고 한다. 더구나 '섬마을 선생님'이란 영화의 촬영지로도 잘 알려진 곳이며, 영화의 배경이 되었던 '계남분교'도 아직 남아있다. 그 분교도 선생님 한 분에 학생 3명이 명맥을 이어가고 있지만 오래잖아, 폐교될 위기라고 한다. 최근에는 일간지에도 소개가 되었지만, 1박 2일에서 비박 특집을 방영하여 더 많이 알려진 곳이다.

풀등은 썰물이면 나타났다가, 밀물이면 사라지는 모래섬이다. 그가 언제부터 여기에 생겨났는지 알 수 없지만, 어김없이 하루에 두 번씩 뭍이었다, 바다였다 하면서 뭍사람들을 유혹하고 있다. 그러면서도 냉정하리만치 인적을 거부하는 무인도다.

이 섬에는 배를 댈 선착장도 없다. 뱃사공이 물에 들어가 우리를 한 명씩 업어다 모래 위에 내려놓았다. 섬은 바닷물이 씻어놓은 듯 발자국 하나 없이 깨끗하다. 사방을 둘러봐도 파란 물결 너머로 아스라이 보이는 섬들뿐이다. 풀 한 포기 없다. 맨발로 걷는다. 모래의 촉감이 보드라워 카펫 위를 걷는 기분이다. 한참을 걸어가도 끝이 보이지 않는다. 마치 광활한 사막에 홀로 떨어진 기분이다. 모래 위에 파도가 그려놓은 물무늬만 남아서 살아 숨 쉬는 바다임을 말해준다. 모세의 기적 같은 신비의 섬. 누가 이 섬을 여기에다 선물했을까.

우리 일행뿐인 모래섬에서 깔개도 없이 질펀히 앉아 가지고 간 김밥과 과일로 점심을 먹었다. 청명한 하늘 아래 먼지 하나 없는 모래섬. 난생처음 맛보는 무인도 체험이다. 새벽부터 서둘러 와서 그런지 아직도 해가 중천에 있다. 하루를 길게 사는 느낌이다. 섬 전체가 우리의 소유인 것처럼 자유를 누리다가 뭍으로 나왔다. 꿈인 듯 생시인 듯 풀등이 눈앞에서 아른거린다.

(2017. 6)

만 원의 행복

전 교인이 용인에 있는 한택식물원으로 봄 소풍하러 갔다. 소풍이란 말은 나이를 먹었어도 설렘이다. 그곳에는 내가 보고 싶은 바오바브가 있어서 더 그랬다.

교회에서는 세 주 전부터 광고했다. '만 원의 행복을 누리라'고. 참석자는 만 원만 내면 식물원 구경은 물론이고, 아침과 점심 늦으면 저녁까지 먹여 주겠다는 것이다. 그래도 참석자가 교인의 반수도 안 되었다. 대형버스 두 대와 승합차 하나가 소풍 길에 나섰다. 버스에 앉자마자 물과 김밥, 따끈따끈한 시루떡과 간식이 한 보따리씩 안겨졌다. 화기애애한 분위기 속에 목적지에 도착했다. 나는 먼저 바오바브가 있는 '호주 온실'로 향했다.

바오바브나무를 알게 된 것은 「어린 왕자」를 읽고부터다.

어린 왕자가 살던 소행성에는 무시무시한 씨앗이 있는데, 그것이 바로 바오바브나무 씨앗이라고 했다. 어린 왕자는 자기가 사는 작은 별나라에 큰 바오바브나무가 뿌리를 내리면 별은 산산 조각날 거라고 했다. 그래서 그 나무가 얼마나 크기에 그러나 싶어서 궁금했다.

상상의 나래를 펴고 찾아간 호주 온실에는 육중한 체구에 어린 왕자를 앞세우고 가지는 하늘을 향해 쭉 뻗고 있는 바오바브가 있었다. 사진에서 보았던 멋진 모습이 아니어서 조금 실망스럽기는 했지만, 안내판을 읽고서야 바오바브도 여러 종류가 있다는 것을 알았다. 내가 첫눈에 반했던 바오바브는 일직선으로 올라가서 우산을 펼친 것처럼 가지가 사방으로 퍼진 나무였다. 그러나 바오바브는, '마다가스카르'에 6종이 있고, '아프리카'와 '호주'에 1종씩 있는데, 이곳에 온 것은 호주에서 왔다고 한다. 바오바브는 아프리카를 상징하는 나무이기도 하다.

이 바오바브는 나처럼 배불뚝이다. 물병처럼 생겼다 해서 물병 나무라고도 불린단다. 키는 십여 미터에 몸통은 내 팔로 서너 아름쯤 되어 보인다. 수피는 검은 적갈색이고 껍질은 참나무처럼 결이 있으나 위로 올라갈수록 매끈하다. 잎 모양은 버드나무 잎을 닮았고, 그보다 조금 작아 보인다. 열매는 사람에게 이로운 물질이 많이 들어있다고 한다. 아프리카에서는 이 나무를 신성시 여겨 대접받는 나무이기도 하다.

바오바브나무는 크기로도 세계에서 손꼽히는 나무 중 하나이지만, 물을 저장하는 능력 또한 탁월하여 사막처럼 비가 적게 오는 건조한 곳에서도 오래 산다고 한다. 처음 만났지만, 그의 허리를 덥석 끌어안고 '만나서 반갑다'고 인사를 했다. 거칠거칠한 수피에다 얼굴을 들이대고 귀를 기울여보았다. 청진기 없이도 물소리가 들릴 듯해서다. 그러나 귀가 둔해서 그런지 아무 소리도 들리지 않았다.

그렇게 보고 싶던 바오바브를 보며 한참 놀다 보니 문득 안됐다는 생각이 든다. 사람이나 나무나 자기가 태어나 살던 정든 고향을 떠나 기후도 환경도 맞지 않는 곳에서 적응하자니 얼마나 고향의 너른 들이 그리울까. 더구나 온실 속에 갇힌 몸이라니. 그래도 꿋꿋하게 잘 살아줘서 고마웠다.

내가 미국에 처음 갔을 때다. 지금은 어디였는지 지명도 생각나지 않지만, 우물 안 개구리가 난생처음 보는 레드우드 숲은 입을 딱 벌어지게 했다. 수천 년의 나이를 자랑이라도 하듯 까마득하게 큰 키에, 가슴둘레도 어마어마했다. '세상에 이렇게 큰 나무도 있었어?' 하고 놀랐던 적이 있다. 그런데 그보다 더 크고 오래 산 바오바브나무가 남아공에 있다고 한다.

식물원을 다녀와서 인터넷 검색을 했다. 남아공에 있다는 거대한 바오바브에 비하면, 레드우드는 댈 것도 못 된다. 나무 둘레만도 성인 약 40명이 팔을 벌려야 감쌀 정도라고 한다. 나무의 나이 또한 지구상에서 가장 오래된 육천 년 설이 있지만, 확실한 것은 아니다. 그곳 사람들은 이 나무를 신이 세상을 창조하실 때 제일 먼저 만드셨다고 주장한단다. 나무가 워낙 오래되어서 속이 텅 비자 여러모로 이용하다가 지금은 그 안에 와인 바를 차려놓고 관광객을 맞는다고 한다. 나무의 속 빈 공간 높이가 4m쯤 되고, 너비는 15명이 편히 앉을 수 있다고 하니, 어마어마하지 않은가. 그래서 어린 왕자가 별을 산산조각낼 거라고 했었나 보다.

알고 보니 우리나라에서도 다섯 곳에서 바오바브를 키우고 있었다. '경주 동궁원'과 '포천 국립수목원', '제주 여미지 식물원' '충남 서천에 있는 국립 생태원'에서는 지난해 바오바브가 하얀 꽃을 피워 경사였다고 한다.

그렇게 보고 싶던 바오바브도 보고, 각가지 봄꽃이 흐드러진 아름다운 정원에서 호사도 누렸다. 돌아오는 길에는 수천만 원 한다는 이천 도자기로 눈요기도 하고, 쌀밥정식으로 포식도 했다. 만 원의 행복이었다.

(2018. 4)

북한산 둘레길

겨울 끝자락에 봄바람이 분다. 화창한 날씨 따라 내 안에서도 바람이 분다. 오라는 곳도 갈 곳도 없는데 자꾸만 나가자고 보챈다. 긴 겨울 무기력하게 보낸 탓인가 보다. 자고 깨면 오늘은 어디로 갈까? 무엇을 할까? 고민 아닌 고민을 하게 된다.

고민 끝에 북한산 둘레길이나 걸어볼까 싶어 인터넷을 뒤졌다. 총 길이 70.18㎞에 21구간으로 나뉘어있다. 한번 돌아보면 지리 공부도 되고 운동도 될 것 같았다. 혼자서는 용기가 나지 않아 친구에게 전화를 넣었다. 좋다고 한다. 그래서 돌아오는 일요일부터 시작하기로 했다.

첫날은 우이동 '소나무 숲길'에서 시작해 '순례 길'까지 두 구간 5.4㎞를 걸었다. 그것도 처음이라 힘들었다. 하지만 유산소 운동이 심폐기능을 활발하게 할 뿐 아니라, 골다공증도 예방하고, 체지방도 줄여준다니 일거양득이다. 높은 산은 자신이 없지만, 둘레길이야 못 걷겠나 싶어 시작했는데 하루 걸어보니 자신감도 생겼다.

그렇게 시작한 둘레길 걷기는 권태롭던 내게 큰 즐거움이 되었다. 메마른 대지처럼 먼지만 풀썩이던 내 안에도 물기가 돌았다. 평일에는 친구가 시간이 없어 주말에만 갈 수 있다는 것이 아쉬웠지만, 일주일에 하루라도 무엇엔가 열중하며 땀을 흘린다는 것은 살아있다는 증거 같았다. 말 상대가 없어서 종일 입을 다물고 지내던 내게는 친구와 주거니 받거니 나누는 대화도 생기가 되었다. 산에서 먹는 도시락 맛도 소풍 간 기분이어서 좋았다.

처음 산행을 시작할 때만 해도 산은 죽은 듯이 조용했다. 봄비의 달콤함을 두어 차례 맛보더니 어디서 그런 기운이 솟는지 한 주가 다르게 실팍한 새순을 밀어 올렸다. 갖가지 꽃들이 피고 지며, 물소리 새소리가 어우러지니 숲은 주마다 다른 무대를 연출하였고, 그 무대에 뛰어든 우리는 꽃비를 맞으며 좋다 참 좋다만 연발하며 관객이 되어 즐겼다.

친구는 우리나라 명산을 거의 다 올라보았고, 중국의 이름난 산들도 여럿 다녀온 베테랑이다. 그녀와 나는 교회 안에서 만나 형제처럼 친구처럼 지내는 사이다. 강산이 두 번 반쯤 변했지만, 언제나 한결같은 마음이다. 오랜 세월 길동무가 되어 정을 나누다 보니 매사에 이심전심 잘 통한다. 그녀와 함께라면 처음 가는 길도 겁나지 않고, 바위산도 너끈히 올라가곤 한다. 마라톤에서 페이스메이커가 함께 뛰어주면 힘을 얻듯이 내가 꼭 그랬다. 그의 손가락 하나만 잡으면 "나는 못가" 하던 가파른 산도 너끈히 올라가곤 했다. 어쩌면 내 삶의 고비마다 손가락 하나 내어준 인연이 있어서 예까지 왔는지도 모른다.

언젠가는 그녀와 함께 강릉에서 동해를 끼고 포항을 거쳐 부산까지 삼박 사일 배낭여행을 한 적도 있다. 대중교통의 불편함도 기쁨으로 감수하면서 텅 빈 바닷가 모래밭에서 수평선 위로 솟아오르던 보름달을 보며 가을 밤바다의 낭만을 즐기기도 했고, 동해의 장엄한 일출도 품어봤다. 바다가 그리워서 떠났던 여행에서 끝없이 펼쳐지는 푸른 바다에 빠져, 가을이면 지병처럼 도지던 외로움도 잊은 시간이었다. 그랬던 내가 산에 가면 산이 좋다 하고, 바다에 가면 바다가 좋다고 말한다. 아무래도 나는 변덕쟁이인가 보다.

주말에만 두 구간씩 걷다 보니 삼 분의 일도 못 했는데 벌써 오월 중순이다. 오월은 계절의 여왕이라더니 정말 싱그럽다. 연두에서 초록으로 넘어가는 물결 속에서 놀다 보면 저절로 생기를 얻는다. 나뭇잎은 그늘을 깊게 드리워서 직사광선을 피하게 해주고, 오월의 꽃인 아까시는 온 산을 향기로

적신다. 그 향기에 저절로 기분이 좋아진다. 아까시꽃 하나 훑어서 입에 넣었다. 비릿하고 들치근한 맛이 옛날 그대로다. 보릿고개를 살던 고향산천이 스친다. 그때 그 동무들은 다 어디서 무얼 할까?

어제는 15구간 안골 길을 걸었다. 다음 갈 곳은 보루 길과 다락원 길이다. 이름도 참 재미있는 둘레 길이다. 전망대에서 바라본 바위산은 명산임을 증명하듯 그 위용을 자랑한다. 바다와 달리 산은 같은 얼굴이 없다. 둘레 길도 걷다 보니 되약볕에 산길이 아닌 찻길을 두어 정거장 걸어야 할 때가 있다. 이럴 때는 '찻길로 이어지니 자동차로 두 정거만 이동하시오'라는 안내라도 있었더라면 하는 아쉬움도 있었다. 그래도 난도가 높은 곳에는 안전을 고려해 데크 길에 밧줄까지 매어 놓아서 좋았다.

이제는 북한산과 도봉산의 경계인 우이령 길을 포함하여 6구간만 더하면 다 한다. 마치는 날은 맛집을 찾아가 속도 든든히 채우고, 자축도 해야겠다. 다리가 아파서 못 걷던 때를 생각하면 비록 정상이 아닌 둘레길이지만, 서울특별시 우이동에서 시작해 고양시, 양주시, 의정부시를 점찍고 한 바퀴 돌았으니, 장하다는 생각도 들 것이고, 해냈다는 자부심도 괜찮을 것 같다.

(2012. 5)

불청객

겨울 태생이라 그런지 여름이 싫다. 숨 막히는 더위도 싫지만, 여름이면 설쳐대는 불청객의 방문도 싫다.

이번 주는 공연히 바빠서 하루도 집에 있는 날이 없었다. 그래선지 어젯밤에는 업혀 가도 모를 정도로 단잠을 잤다. 얼마나 깊이 잠이 들었는지 불청객의 독침 공세에도 모르고 잤다. 평소에는 그놈의 소리만 듣고도 잠을 깨던 나다. 날이 훤히 밝고서야 가려움 때문에 잠에서 깨어났다. 팔다리에 독침 자국이 선명하다. 가렵기는 또 얼마나 가렵던지 손톱을 세우고 긁어도 시원치 않다. 약을 발라도 허사다.

"네 이놈! 내 피를 빨고도 무사할 줄 알았더냐! 이 발칙한 놈!" 하고는 두 눈을 부릅뜨고 잠옷 바람에 살충제와 파리채로 무장하고 소탕 작전에 나섰다. 그런데 이놈이 어디로 숨었는지 아무리 찾아도 보이지 않았다. 커튼을 흔들어도 보고, 구석진 곳을 샅샅이 훑어도 간 곳이 없다. 은근히 약이 올랐다.

하는 수 없이 모기 잡기를 포기하고 목욕이나 하자 싶어서 욕조에 물을 채우고 누워서 하나둘 숫자를 세고 누워 있었다. 반쯤 감긴 눈으로 무심히 욕실 천장을 바라보는데, 심상치 않은 점 하나가 사물함 위 으슥한 곳에 찍혀있다. '저게 뭐지?' 어찌나 피를 많이 빨아먹었던지 거무스레한 놈이 날지도 못하고 천장에 찰싹 붙어서 휴식을 취하고 있다. 이는 분명 어젯밤 내 팔다리에 독침 공세를 퍼부었던 바로 그놈이렷다! 작전 계획을 세우는데, 놈과 눈이 딱 마주쳤다.

'아니 이놈이, 엉큼하게? 누구를 봐. 이는 분명 성추행으로 가중처벌감이다. 이놈을 어찌 때려잡을꼬.' 살금살금 문을 열고 나와 살충제를 들고 다시 욕실로 들어갔다. 아뿔싸! 방심은 금물이라 했던가. 약삭빠른 놈이 문이 열린 사이 줄행랑을 치고 말았다. 도둑이 제 발 저리다더니, 놈도 제가 죽을 죄 진 것을 알았던 모양이다. 모기보다 수천 배나 큰 몸집을 가지고도 보기 좋게 당했다.

모기의 크기는 보통 15㎜ 미만이고, 무게는 2㎎ 정도란다. 일반적으로 식물의 즙이나 과즙을 먹고 살지만, 암컷은 산란기에만 알을 성숙시키기 위해 흡혈(吸血)한다고 한다. 그러니 모성 본능으로 본다면 모기에게 좀 뜯긴다고 해서 그렇게 난리를 칠 일도 아니다. 모기는 소두증을 일으키는 지카 바이러스 균을 가진 무서운 해충이기도 하지만, 또 한편 익충이기도 하단다.

이탈리아 경찰은 2005년 해안가에서 여성을 살해한 용의자를 흡혈한 모기의 유전자를 이용해 범인을 밝혀냈다고 한다. 우리나라 경찰 과학수사팀도 국내 최초로 모기 기법을 도입해 범인 수사에 이용하기로 했다니, 질병을 옮기는 해충이기도 하지만, 범인 수사에는 익충이 된 셈이다.

악한 사람이라고 누구에게나 악한 것도 아니고, 선한 사람이라고 누구에게나 선한 것이 아니듯, 해충이 익충이 되기도 하는 것이 세상사인가 보다. 하지만 나는 오늘도 틀림없이 살충제를 뿌려댈 것이다.

(2016. 7)

혼놀족

나는 혼놀족이다. 혼자 살고, 혼자 밥 먹고, 혼자 논다. 이를 비속어로 혼놀족이라 한다. 혼자 살아도 먹지 않고 살 수 없고, 혼자 살면서도 놀지 않을 수 없는 것이 혼놀족의 일상이다.

우리네 삶이 너와 내가 같을 수 없고, 혼자 살아도 크고 작은 일들은 도사리고 있게 마련이다. 세상을 살다 보면 수렁에 빠질 때도 있고, 정상에 오른 환희를 맛볼 때도 있지만, 기쁘고 슬픈 것이 영원하지 않기에 연극 같은 인생을 산다. 혼자 사는 사람들이 공통적으로 느끼는 것은 외로움이다. 하지만 외로움도 오래다 보면 면역력이 생겨서 그러려니 하며 살게 된다. 그래도 혼자 산다는 것은 왠지 자존심 상하고 슬픈 일이기도 하다.

2018년 6월 말 기준 주민등록인구가 51,801,449명이라고 한다. 그중에 1인 가구 수는 점점 늘어서 전체 인구의 27%를 차지하고 있단다. 이는 직장을 따라 독립한 세대와 대학생, 그리고 65세 이상 노인 1인 가구 13.8%를 합산한 수라고 한다. 거의 세 집 건너 한 집은 1인 가구인 셈이다.

이대로라면 30년을 못 가서 전체 인구 중 절반이 혼자 사는 솔로 사회가 온단다. 급속한 고령화와 저출산이 인구 감소로 이어지면서, 1인 가구 수만 늘어나는 실정이다. 이것이야말로 국가의 위기가 아닐까 싶다.

대체로 혼자 산다면 무조건 비사회적 인간으로 보는 눈이 싫어서 나는 그동안 혼자 산다는 말을 하지 않고 살았다. 공연히 위축되고 자존심이 상했다. 그런데 이제는 혼자 살아도 따가운 시선에서 벗어날 듯하다.

혼자 산다는 것은 사람 인(人) 자처럼 기댈 곳이 없으니 앞날이 걱정되기도 하지만, 때를 따라 피할 길도 주시겠지 싶어 걱정하지 않는다. 다만 건강만 버팀목이 되어주기를 빌 뿐이다. 솔직히 말해서 혼자인 것이 싫지 않다. 누구를 책임져야 할 일이 없으니, 가고 싶으면 가고, 서고 싶으면서고, 먹고 싶을 때 먹으면 된다. 상대에게 맞출 필요를 느끼지 않는 자유가 있다. 아무리 좋은 곳을 여행해도 마음이 불편하면 아니 감만 못한 것과 같다고 하겠다.

어쩌면, 가상의 인간관계망인 SNS가 혼놀문화를 확산시켰는지도 모르겠다. 언제 어디서든 혼자 놀아도 스마트폰이나 컴퓨터만 있으면 심심하거나 지루할 새 없이 시간이 간다. 멀리 떨어져 있어도 옆에 있는 것처럼 서로 얼굴 보면서 대화하는 세상이니 보고 싶어 눈물 날 일도 없다.

지금은 혼자 사는 사람을 위하여 식당에서도 1인 좌석을 마련해 놓았고, '1인 노래방'도 성업 중이라고 한다. 서울 연회동에는 책 읽는 술집, '책바'가 있는데, 손님의 60%가 혼자 오는 손님이라고 한다. '책바'에는 '혼자 오신 손님 환영'이란 문구도 붙어 있다고 한다. '책바'를 운영하는 주인장은 바텐더이기도 하지만, 오랫동안 기억에 남기고 싶은 20대의 편린들로 글 모음집 『머물러 있는 청춘』의 저자이기도 하단다.

심야 책방에서 세계적으로 이름난 술을 마시며 책 읽는 기분은 어떨지 모르지만, TV를 보면 요즘은 젊은 여성도 술집에서 당당하게 혼자 술 마시는 장면이 자주 나온다. 시대가 변해도 너무 많이 변해서 따라가기 숨차다.

나도 많이 변했다. 혼-술은 못 해보았지만, 배고프면 혼자서도 식당에 들어간다. 예전처럼 참고 집에까지 오지 않는다. 혼자이기에 반찬 하는 것도 귀찮아서 대충 먹을 때가 많다. 삶도 불균형이지만, 영양도 불균형이다. 알면서도 예전처럼 집에서 손맛을 내지 않는다. 간편식을 선호하고, 어쩌다 손님이 와도 집에서 지지고 볶지 않는다. 무조건 식당을 찾는다. 외식문화도 혼자 사는 인구만큼 확산하였다.

하지만, 혼자 살수록 자신을 잘 가꾸어야 하는 것은 철칙이다. 첫째는 건강한 육체를 위해 신경을 써야 하고, 정신적인 문제도 소홀히 하면 안 된다. 무엇을 먹을까? 무엇을 마실까도 중요하지만, 정신이 피폐해지면 외로워서 혼-놀을 유지하기 어렵다. 때로는 친구를 만나서 수다도 떨고, 맛있는 것도 먹고, 교회도 열심히 다니면서, 자신의 삶을 화초 가꾸듯 가꾸어야 한다.

그러려면 돈이 필요하지만, 가진 범위 내에서 행하면 된다. 그리고 건전한 취미생활은 필수다. 나도 수필을 만나지 않았더라면 지금쯤은 우울증에 빠졌을지도 모른다. 수필이라는 좋은 친구를 만나면서 외롭다거나 슬프다는 생각 없이 산다. 열정적으로 읽고 쓰지는 못하지만, 틈만 나면 그와 놀기를 즐긴다. 그러다 보니 예전처럼 방황하는 일도 없고, 심심할 새도 없이 하루가 오고 간다.

- 허허당의 「머물지 마라 그 아픈 상처에」를 보면 "참 수행자는 혼자 노는 법을 잘 알아야 한다. 대상 없이 혼자 노는 사람은 밤과 낮이 구분 없고 생과 사도 두려움이 없다. 아무런 경계심 없이 혼자 노는 사람은 어디서든 스스로 충만

할 줄 안다."고 했다. 그렇다. 혼자 산다는 것이 부끄러울 일도 슬퍼할 일도 아니다. 남은 시간이 얼마가 될지 알 수는 없지만, 스스로 충만할 줄 안다면 걱정할 이도 아니다.

(2016. 6)

빗장 푸는 여자

물도 설고, 땅도 사람도 선 곳에서 다 출근하고 나면 무인도에 홀로 떨어진 기분이다. 이곳에 온 지 한 달 반이 넘었다. 책을 읽어도 흥미가 없고 심심하며 하루가 길게 느껴진다. 한국에서 마음대로 돌아다니던 습관이 발동해 답답하다. 아들이 가르쳐준 공원으로 산책하러 다니는 것도 며칠이 지나니 너무 단조로워 싫증이 났다.

하루는 용감하게 모험을 감행키로 했다. 까막눈인 내게는 이정표가 있어도 무용지물이다. 처음에는 집에서 나가 무조건 직진으로만 가다가 돌아왔고, 다음에는 몇 번째 사거리에서 좌회전이나 우회전을 했다고 메모를 하며 다녔다. 표시가 될 만한 것은 사진으로 남겼다. 그렇게 몇 번 해보니 용기가 생겨 오늘은 아들 집 거실에서 멀리 보이던 민둥산까지 가보기로 했다. 집에서 1.5㎞쯤 직진으로 가다가 좌회전해서 조금 오르면 좌측에 민둥산으로 들어가는 입구가 있었다. 가보고 싶어서 진즉에 사전 답사했지만, 엄두가 나지 않아 못 들어갔었다. 철조망으로 접근을 막아 놓았고, 입구에는 도르래식 철문 두 짝이 달려있었다. 문에는 자물쇠가 아닌 걸쇠만 안으로 걸어 놓았다. 이럴 경우에는 들어가도 된다는 아들의 말을 믿고 과감하게 손을 넣어 빗장을 풀었다. 가슴에선 두방망이질 소리가 요란했다.

들어가서 빗장을 다시 걸어 놓고 능선을 따라 올라갔다. 능선에는 1차선 차도가 나 있고, 아스팔트로 포장까지 했다. 일반인이 통행하는 곳은 아닌 듯하다. '이상한 나라야. 산길에도 포장했네?' 혼자 중얼거리며 사방을 둘러보았다. 인적이라곤 전혀 없고, 여기저기 동물들의 배설물만 널려있다. 혹시 동산지기라도 나타나서 뭐라고 하면 어쩌나 싶어 가슴이 뛰었지만, 여차하면 노 잉글리시만 외칠 뱃심이었다. 아들 집 주소도 못 외워서 사진으로 찍어가지고 다니는 실력이니, 듣는 귀도, 말하는 입도 없는 나를 잡아봤자 저들만 답답할 터이다.

올라갈수록 시야가 확보되니 멀리까지 한눈에 들어온다. 평화로운 풍경이 마음을 사로잡는다. 그만그만한 민둥산 아래로 모여 앉은 그림 같은 집들. 젖무덤처럼 부드러운 능선들이 겹겹이 늘어섰다. 더구나 내 키보다 큰 장다리꽃이 온 동산을 노랗게 물들였다. 그 메마른 땅에서도 각가지 야생화가 조화롭게 꽃을 피워 꽃동산이다. 영화에서나 봄직한 이목가적인 풍경을 어디에서 또 만나겠는가. 나중이야 어찌 되든 끝까지 가보기로 했다. 질펀한 들판에는 물웅덩이도 있는 것으로 보아 소를 방목하는 곳인지도 모르지만, 소나 동물은 하나도 보이지 않는다. 미국은 야생 동물의 천국이라더니, 나무에 매달아 놓은 녹음기에서는 새소리가 계속 흘러나온다. 처음에는 진짜 새소리인 줄 알고 한참 새를 찾았었다.

시간이 좀 흐르니 뛰던 가슴도 진정이 되었다. 그때 저만치에서 한국 사람으로 보이는 중년 남자가 내려오고 있었다. 반가워서 얼른, "저 혹시 한국분이세요?" 하고 말을 걸었다. 어깨를 으쓱하면서 모르겠다는 표정을 짓는다. 그래서 얼른 "마이 코리아." 했더니 그쪽에서도 알아듣고 "차이나." 한다. 남의 나라에서 같은 이방인끼리 짧은 콩글리시로 의사를 주고받았다. 그도 나와 똑같은 심정으로 올라왔던가 보다. 내가 사진을 찍던 자리에서 그도 사진을 찍는다. 그를 보니 조금 안심이 되었다. 그래서 여유를 부리며 제주의 오름 같은 민둥산을 즐겼다. 약 1.5㎞쯤 올라가니 산타모니카 주민들의 식수가 되는 커다란 물탱크가 있고, 올라온 만큼 더 올라가니 그만한 물탱크 하나가 더 있다. 그제야 산길에 포장한 이유도 알았다.

캘리포니아주는 겨울에만 비가 온단다. 겨울에는 민둥산이 초록색이다가도 봄부터 가을까지는 비 구경을 못 해서 완전히 누렇게 익은 가을 색으로 변해버린다. 그래서 그런지 분명 봄인데, 길섶에서는 귀뚜라미가 또르르 또르르 울고 있었다. 목마름 속에서도 생물들이 살아서 꽃을 피우고 종족 번식하여 대를 이어가는 것을 보면서 끈질긴 생명력에 감탄하지 않을 수 없었다. 그들을 보면서 아침에 나가면 밤늦게야 돌아오는 아들의 삶도 저렇게 목마른 것이 아닐까 싶어 가슴이 짠했다.

물 한 방울 없는 뙤약볕에서 아침 이슬로 목을 축이고 꽃을 피운 장다리에게 '너 참 장하다.' 한마디 남기고 돌아왔다.

(2016. 6)

4.

캘리포니아 일기

나도 그런 평심으로 살면 좋겠다. 조금만 싫은 소리를 들어도 발끈해서 날을 세우고, 눈 맞춤도 거절하는 속내는 언제쯤이나, 얼마나 더 살아야 무디어질지. 꽃을 심으면 꽃길이 되고, 나무를 심으면 숲이 되듯, 내 안에도 평심 나무 하나 심어서 울울창창하게 키웠으면 좋겠다.

평심루(平心樓)에서 평심을

새해 첫날부터 맹위를 떨치던 동장군의 기세는 수은주를 영하 10도로 끌어내렸다. 간밤에는 자국눈도 내렸다. 겨울은 추워야 제격이라던가. 중무장하고 정발산공원으로 향했다. 알싸한 바람도 상쾌하게 느껴진다.

몇 해 전의 일이다. 복지관 다니는 친구의 권유로 음치 탈출을 위해 노래교실과 헬스장에 등록했었다. 시간만 내면 공짜로 운동기구를 사용해 건강도 다지고 즐겁게 노래도 배울 수 있으니 일거양득이라 생각했다. 그런데 얼마 지나지 않아 멀미를 느끼고 그만두었다. 그 좋은 호수공원을 옆에다 두고 구태여 먼지가 풀썩풀썩하는 실내에서 운동할 필요가 있겠나 싶기도 했고, 복지관에서 노는 것도 생리에 맞지 않아서 발길을 돌렸다.

그리고는 가까운 산으로 운동을 다닌다. 운동이라야 걷는 것이 전부이지만, 누구의 간섭도 받지 않고 자유롭게 오고 가면서 혼자 논다. 자유가 좋아서다. 그러니 나의 일과도 아주 단순하다. 먹고 마시고 산책하고, 책 읽는 것이 일과의 전부라 해도 과언이 아니다.

오늘도 돋보기를 쓰고 책을 읽다가 눈이 침침해서 쉴 겸 길을 나섰다. 우리 집에서 신호등 네 개를 지나 육교를 건너면 바로 마두도서관이 나오고, 그 뒤가 정발산이다. 해발 88m밖에 안 되는 작은 산이지만, 사람의 발길이 끊이지 않는 곳이다. 3호선 전철역 이름이기도 한 정발산은 가마솥과 같이 넓적하게 생겼다 해서 붙여진 이름이다.

정상으로 오르다 보면 체육공원 잔디공원 전통공원, 그 외에 갈래 길도 많아서 사방에서 올라올 수 있다. 하루는 생태공원에서 갈대 사진을 찍다가 조붓한 오솔길을 발견했다. 이제까지 포장도로를 따라 오르내리면서 별 재미를 못 느꼈는데, 흙길을 보니 반가웠다. 사람의 발길이 뜸해 선명하게 길이 나 있지는 않았지만, 그 길을 따라 깊숙이 들어가 보니 갈수록 산 중턱을 돌게 되어있는 흙길이 아주 마음에 들었다. 경사도 완만하여 명상하며 걷기에 안성맞춤이었다. 그때부터 이 오솔길을 즐겨 찾는다.

태생이 여럿이 어울리는 것보다 혼자 놀기를 좋아하다 보니 산에서도 한적한 오솔길이 좋다. 산은 작아도 엄마의 젖줄처럼 물길도 많다. 잔디 동산은 유치원생들의 학습장이다. 그곳을 지나서 언덕을 올라가 반대 방향으로 60여 계단을 내려가면, 물레방아가 있고, 그 옆에는 고즈넉한 쉼터가 조용히 앉아있다. 이곳은 정발산에서 가장 시원한 곳이다. 거기서 조금 더 내려가면 옛 성현 김정국의 호를 따서 지은 '사재정(思齋亭)'이란 정자가 두 발을 연못에 담그고 등산객을 맞는다.

그를 뒤로하고 숨 가쁘게 동쪽으로 오르면 정상이다. 정상에는 '평심루(平心樓)'가 우뚝 서 있고, 그 안에는 평상 두 개가 나란하다. 평상에 앉아서 정면을 바라보면 북한산의 최고봉인 인수봉이 가까이 다가선다. 발아래는 일산 신도시가 한눈에 들어온다. 부지런만 하면 얼마든지 맑은 공기를 마시면서 운동기구를 이용하여 건강을 다질 수도 있다.

나의 건강 다지기는 오솔길을 걷는 것으로 만족이다. 처음에 이 오솔길을 발견하고 얼마나 마음에 들던지 나를 위한 길 같이 느껴졌다. 지금은 소문난 제주 올레길처럼 찾는 이가 많아져서 오솔길이 제법 반질반질하도록 길이 났지만, 그때만해도 길이 있는지 없는지 잘 모를 정도였다. 이 길에만 들어서면 나도 모르게 마음이 편안해진다. 어디까지 갔다 오느냐에 따라 시간의 길이가 달라지지만, 한 시간 반에서 두 시간쯤 걷는다. 비록 말 상대 하나 없이 혼자 걷는 길이지만,

덧칠하거나 포장하지 아니한 자연과 마주하다 보면 값없이 얻어지는 순수에 물이 드는지 바삭바삭하던 내 안에도 물기가 돈다.

셋만 모여도 자기 목소리 높이기에 급급한 사람들과는 달리 많은 생명이 공존하면서도 불협화음을 모르는 초목들. 발 뻗을 곳 없이 비좁아도 찾아드는 생명을 외면하지 않는 평심(平心). 스스로 서지 못하는 넝쿨 식물의 지지대가 되어 주다가 고사할지라도 상대를 해치지 않는 비움의 정신. 이것이야말로 기본 도리나 질서마저 거스르는 사람들의 스승 아닌가. 질서정연하게 순리를 따르는 산은 그래서 늘 푸르게 유지되는가 보다.

나도 그런 평심으로 살면 좋겠다. 조금만 싫은 소리를 들어도 발끈해서 날을 세우고, 눈 맞춤도 거절하는 속내는 언제쯤이나, 얼마나 더 살아야 무디어질지. 꽃을 심으면 꽃길이 되고, 나무를 심으면 숲이 되듯, 내 안에도 평심 나무 하나 심어서 울울창창하게 키웠으면 좋겠다.

(2015. 1)

동백(冬柏)

백설(白雪)이 눈부신
하늘 한 모서리

다홍으로
불이 붙는다.

차가울사록
사모치는 정화(情火)

그 뉘를 사모하기에
이 깊은 겨울에 애태워 피는가.

– 정훈(丁薰), 「동백」

정훈 시인의 동백에서 '그 뉘를 사모하기에 이 깊은 겨울에 애태워 피는가.'란 대목에 끌려 시를 옮겨 본다. 정훈 시인은 대전에서 최초의 문예지인 「향토(鄕土)」와 「동백(冬柏)」을 창간했고, 대전문인협회 회장도 역임했으며, 시집 7권을 발간하고 1992년에 작고한 시인이다. 그를 두고 향토 시인이라 한다. 그는 생김과 같이 순박한 시들을 썼다.

지지난해 가을이다. 단지 내 일일 장터에서 꽃망울이 맺힌 어린 동백나무 한 주를 사다가 신주 모시듯이 정성을 들였다. 겨울 날씨가 영하로 곤두박질치면 추울세라 신문으로 이불을 덮어주고도, 마음이 놓이지 않아 뽁뽁이로 커튼까지 쳐주었다. 오전에만 해가 들어오는 20층 꼭대기란 악조건을 생각해서. 그런데 첫해에는 꽃망울이 피지도 못하고 그냥 시들어 떨어지고 말았다.

잎도 윤기 없이 푸석하여 병든 모습이었다. 분갈이할 때 흙 한 톨 흩트리지 않고 고대로 큰 화분에 옮겨 심으면서 퇴비까지 넉넉히 넣어주었건만, 심한 몸살을 했다. 종합 영양제를 물에 타서 서너 번 주어도 소생의 기미가 보이지 않았다. 그러더니 지난해 늦은 봄부터는 영양제 덕분인지 차츰 기력을 회복하고, 꽃망울 네 송이를 달고서 움츠린 채 긴 겨울을 났다. 동백은 생장이 더딘 대신 새로운 환경에 적응만 하면

웬만해서는 죽지 않는 식물이라고 한다. 그나마 다행이다.

동백을 사들인 이유도 정훈 시인처럼 백설이 눈부실 때 빨간 꽃을 보겠다는 일념이었다. 헌데 입춘도 지나고 봄바람이 살랑살랑 부는데도 동백은 꽃필 기미조차 보이지 않았다. 지인이 준 한 뼘 남짓한 명자나무는 정초에 빨간 꽃 두 송이를 예쁘게 피웠다가 벌써졌건만, 동백은 시샘도 없는가 보다. 하루는 화가 나서 동백에게, "너 올해도 꽃을 피우지 않으면 내다 버릴 거다." 으박지르기도 했다. 그래도 묵묵부답이다.

삼월 중순이다. 하루가 다르게 바람도 순해지고, 아랫녘에서는 꽃 소식이 올라오고 있다. 그제야 동백도 봉오리 끝이 발그레 물든다. 그러고도 여러 날이 지났다. 참 느림보 거북이다. 속 타는 주인의 마음을 어찌 이리도 몰라주는지 야속하다. 자고 깨면 오늘은 봉오리가 열리려나? 하고 먼저 나가서 들여다보며 인사를 했건만, 그는 수줍은 아가씨처럼 속살 보여주기를 미루고 있다. 성질 급한 나와는 아주 대조적이다.

사실 동백꽃은 피었을 때는 예쁘지만, 질 때는 통째로 떨어지기 때문에 너무 허무하다. 그래도 빨간 꽃을 보고야 말겠다는 생각은 여전하다.

베란다에 두고 사랑한다는 구실로 과잉보호한 것이 동백을 힘들게 했는지도 모를 일이다. 자연은 자연스러울 때 가장 아름답듯이, 동백도 자연스럽게 동장군의 기세와 싸워 이기도록 강하게 키웠어야 했나 보다. 해서 이제는 동(冬)백이 아니라 춘(春)백이라도 좋으니 어서어서 꽃이나 피워달라고 애원하는 중이다.

(2018. 3)

웃지 못할 해프닝

아침에 아들이 출근하면서 "저녁에 대학교 동기 다섯 가정이 모이는데 엄마도 가셔야 하니까 외출 준비하고 계세요. 다섯 시쯤 모시러 올게요." 하고 나갔다. 그중에 한 가정이 테네시주로 이사하여 송별회 겸 모이는 자리란다. 가만히 생각하니 제 친구 모임에 내가 왜 끼나 싶어서 전화를 걸어서 사양했더니, 친구들이 엄마 오신 것 알고 꼭 모시고 오라고 했단다.

오늘도 여느 때와 마찬가지로 점심을 먹고 심심해서 민둥산으로 산책을 다녀왔다. 이곳에서 내 의지로 할 수 있는 것은 산책뿐이다. 부지런히 샤워도 하고 머리에는 헤어 롤을 말아서 힘을 주었다. 그리고는 좀 더 멋지게 보이려고 스프레이까지 뿌렸다. 그때 아들의 전화가 왔다.

"준비되셨어요?"

"어 됐어."

그런데 거울을 보니 이게 웬일인가? 머리가 팍 주저앉고 물기가 도는 게 이상했다. 그때 아들이 들어왔다.

"아들, 머리에 스프레이도 뿌렸는데 이상하게 주저앉네."

"어떤 것을 뿌리셨는데요?" 하기에 갖다 보여주었더니, 아들이 깜짝 놀라면서 "엄마 이거는 와이셔츠 깃에 뿌리고 빨래하는 강력 세제예요. 얼른 머리 감으세요." 하는 것이 아닌가.

그제야 이상한 냄새도 나는 것 같고 머리가 화끈거리는 것도 같다. 아뿔싸! 예쁘게 화장하고 머리 손질도 잘했다 싶었는데, 무지로 인해 망치고 말았다. 얼른 머리를 감고 시간이 없어 화장도 못 한 채 스킨로션만 바르고 따라나섰다.

무식하면 용감하다던가. 영어 한마디 못하면서 배짱 좋게 민둥산을 즐겨 찾던 나. 어쩌다 길에서 마주치는 사람이 "하이(HI)" 하면, 나도 따라 하면 될 것을 그 쉬운 말도 입이 떨어지지 않아 고개만 까딱하면서 눈인사로 때우던 실력이다.

그러니 Prewash란 앞에 글자를 어찌 알겠는가. 침침한 눈에도 spray이란 낯익은 글자만 눈에 들어와 이렇게 웃지 못할 해프닝을 저지르고 말았다. 아무리 어미의 실력을 잘 아는 아들 앞이라 할지라도 민망하기 그지없다. 그래도 며느리가 아닌 아들이어서 다행이긴 하다.

두어 시간 달려가서 만난 친구 집에서는 내가 처음 먹어본 맛있는 음식도 대접받았고, 내 수필집을 읽고 축하해줘서 민망한 중에도 즐거웠다. 헤어질 때는 선물꾸러미와 함께 용돈까지 두둑이 안겨준 아들의 친구들 덕에 행복을 덤으로 안고 돌아오기는 했지만, 이럴 때는 웃어야 할까? 울어야 할까?

(2017. 6)

짐 없는 삶은 없다

사람마다 짐 없는 사람은 없다. 무게의 차이는 있겠지만, 그것도 각자 느끼기에 달렸다. 어떤 사람은 남보다 두 배의 무거운 짐을 지고도 포기하지 않는가 하면, 나 같은 사람은 작은 무게에도 힘들어 못 살겠다고 한다.

우리 아파트에는 지적장애아를 둔 가정이 있다. 아들이 학교에 갈 때나 집에 돌아올 때, 잠시 나들이라도 할라치면 아들 곁에는 언제나 아버지가 동행한다. 어느 날은 넥타이로 한쪽에는 아버지의 손목을 다른 쪽에는 아들의 손목을 묶고 외출하는 것을 보았다. 경비아저씨의 말에 의하면 잠시라도 한눈을 팔면 아들이 정처 없이 도망가기 때문이라고 한다.

내가 처음 아이를 보았을 때만 해도 예쁘장하고 말 잘 들을 것 같은 초등생이었다. 이제는 훌쩍 자라서 아버지보다 아들이 크다. 힘으로는 감당할 수 없으리만치 자랐다. 통제되지 않는 아들. 엄마가 있는지 없는지, 언제나 아들 곁에는 아버지가 붙어서 산다. 민망해할까 봐 못 본 체하고 지나쳤지만, 그 아버지의 마음이 오죽이나 답답할까 싶었다. 그런데 요즘은 그 아들이 보이지 않는다. 아이의 장래를 위해 특수학교에 보냈나 보다.

세상에는 장애를 가진 사람도 많다. 신체적 장애뿐 아니라 정신적 장애도 큰 몫을 차지한다. 하지만 극한 장애를 가졌음에도 투철한 목표 의식을 가지고 열심히 노력한 결과 성공한 사례도 많다. 사지 없이 태어난 '닉 부이치치'도 그렇지만, 「발로 쓴 내 인생의 악보」의 저자 레나 마리아도 장애자다.

그녀는 스웨덴의 어느 시골 마을에서 두 팔이 없고, 한쪽 다리는 생기다만 중증장애를 안고 태어났다. 그래도 오른발 하나로 못 하는 것이 없을 정도로 장애인선수권대회에서 4개의 금메달을 딴 수영선수다. 88올림픽 때 우리나라에도 왔었다. 그녀의 주 종목인 접영에 최저 출전자 4인이 안되어 경기가 취소되자 기대했던 금메달은 못 땄지만, 다른 종목에 참가하여 좋은 성적을 올리고 서울올림픽을 마지막으로 은퇴한 선수다. 그리고 지금은 가스펠싱어가 되어 복음 사업에 헌신하고 있다.

그들이 극한 장애를 가졌음에도 성공할 수 있었던 것은 좋은 배경 때문만도 아니요, 장애를 극복하고 포기하지 않았기 때문이다. 그들이 자신의 장애를 뛰어넘기까지 얼마나 피나는 노력을 했겠는가. 그 노력으로 도전하는 법도 배웠고, 성공의 기쁨도 맛보면서 자신의 삶을 이끌어나간 사람들이다. 물론 좌절 속에서도 미래를 바라볼 수 있도록 뒤에서 지극정성으로 돌본 부모나 형제가 있을 수도 있지만, 본인의 의지가 자기를 만든 것이다.

뒷바라지로 평생을 바친 부모와 장점을 살려 최선을 다한 자녀들. 지금은 두 사람 다 사랑하는 사람을 만나 결혼도 하고 행복한 가정도 꾸몄다. 그들을 보면, 우리가 어떤 생각으로 오늘을 사느냐에 따라 성공과 실패가 결정되는 것을 본다.

그런데 나는 사지가 멀쩡하고 정신적으로도 큰 문제가 없으면서 내 한계를 뛰어넘지 못했다. 어떤 일이 앞에 닥치면 '나는 못 해'라는 자기 최면을 걸고 무기력하게 살았다. 그리고는 타고난 짐 때문이라고 핑계를 댔다. 장애를 극복한 저들의 반도 노력하지 않았고 헛꿈만 꾸다가 세월이 갔다. 이제는 시작할 기력도 없다. 미래를 바라보는 긍정의 눈도 뜨지 못했다. 그리고는 내 짐이 무겁다고 엄살만 부렸다. 이제와 생각하니 왜 그렇게 바보처럼 살았나 싶다.

당나귀도 먼 길을 가려면 등에 적당한 짐을 짊어져야 목적지까지 무사히 갈 수 있다고 한다. 아들을 돌보던 아버지와 아들도 장애를 극복한 사람들처럼 인생길을 잘 헤쳐나갔으면 좋겠다.

(2014. 5)

갈등(葛藤)

칡과 등나무는 둘 다 넝쿨 식물이면서도 태생이 반대 방향으로 감아 올라가는 성질을 가졌기 때문에 둘이 얽히고설키면 풀기가 어려워진다. 칡은 왼쪽에서 오른쪽으로, 등나무는 오른쪽에서 왼쪽으로 감아 올라가기 때문이다.

어젯밤에는 자려고 누웠는데 전화벨이 울렸다.

어정쩡하게 "여보세요." 하고 받았더니, 전선을 타고 들려온 목소리에는 물기가 촉촉했다. 깜짝 놀라서 "어, 왜 그래? 무슨 일이야?" 하고 다급하게 물었으나 상대는 착 가라앉은 목소리로 "아니야, 그냥 답답해서 전화했는데 늦게 미안해. 잘 자요." 하며 끊어버린다. 무슨 일인지 궁금해서 그대로는 잘 수가 없었다.

그녀는 같은 아파트 3층에 사는 통장이다. 한마을에서 연애결혼을 하고, 아들 삼 형제를 두었으며 남부럽지 않게 살았단다. 15년 전에 남편이 중풍으로 쓰러지기 전까지는. 남편 병원비로 집도 날리고 이곳으로 이사와 살다가 최근에 남편이 돌아가 홀로된 여자다. 어찌할까 망설이다가 집에 있던 김을 들고 3층으로 내려가 벨을 눌렀다. 조금 전과는 달리 반색을 하며 맞는다.

그녀의 속사정은 이랬다. 며칠 전에 모임에서 어느 음식점엘 갔는데 마침 며느리도 와서 밥을 먹고 제 차에 여자들을 태우고 가더란다. 먹고 놀면서 미식가처럼 이름난 음식점만 찾아다니고, 명품에다, 골프도 모자라서 헬스까지 다니며 남편 등골 빼먹는 것이 마음에 안 들던 차에 그것을 보니 속에서 불이 나는 것 같더란다.

거기에다, 어제는 손녀와 통화하다가 엄마 좀 바꾸라고 했더니 "엄마는 이모랑 외할머니 모시고 꽃구경 갔어." 하더라는 것이다. 그 소리를 들으니, 자기는 자식 삼 형제를 키워 결혼시키고 분가시키느라 빈 주머니가 되었고, 남편이 없으니 이렇게 푸대접을 받는구나 싶어서 남편 묘소를 찾아 실컷 울고 왔다는 것이다. 그러니 아들 잘 키워봤자 남의 여자 호강시키는 셈 아니냐고 하며 눈물을 찍어낸다. 올봄에도 저희는 동남아로 여행을 가면서 엄마도 같이 가자는 말 한마디 없이 갔다 온 것을 보면, 처가 식구를 데리고 갔다 왔는지 누가 알겠느냐고 열을 올린다.

사실 이런 일이 그들만의 문제는 아니다. 지금은 옛날처럼 무서운 시집살이하는 며느리도 없지만, 젊은 사람들은 시 자만 들어도 멀미가 난다고 한다. 옛날과 달리 시어머니가 며느리 살이 하는 집도 많다. 예나 지금이나 고부간은 등나무와 칡처럼 화합이 어렵고 껄끄러운 관계임이 분명하다. 하지만 다 그런 것은 아니다. 그중에도 갈등의 관계를 지혜롭게 잘 풀어나가는 고부간도 부지기수다. 그러기에 효부상을 받는 며느리도 있지 않은가.

그도 그럴 것이, 아들딸 구별 없이 잘 키운 자식들이니 고학력에 개인주의가 팽배해지면서 물질이 우선이 되고 아이들 중심으로 기울어져, 고3 수험생이 있는 집에 조부모는 얼씬 못하는 세상이다. 한집에 3, 4대가 같이 살았어도 대통령도 나오고 박사도, 변호사도 나왔건만 지금은 핵가족도 모자라서 부모와 자식 간의 정 나눔도 며느리 눈치를 보아야 하는 세상이다.

내가 아는 문단 선배는 서모 시어머니와 살았다. 그 시어머니가 나이 들어 치매로 대소변을 못 가리게 되자 이부자리를 하루에 두세 번씩 빨아대야 했단다. 하루는 대책을 세우려다 무심히 쳐다본 시어머니의 얼굴에서 미래 자신의 모습이 보여 마음을 바꾸었다고 한다. 그 어머니가 내 자식 네 명을 잘 키워 주셨으니, 내가 아무리 잘한다고 해도 어머니가 내게 베푼 희생의 사 분의 일밖에 못 하는 셈이요, 정년퇴임 하도록 근무할 수 있었던 것도 다 시어머니 덕분이다 싶으니 치매로 고생하는 서모가 불쌍하고 측은해 그 수발드는 것이 당연하게 생각되더란다.

오 년을 고생하다 떠나신 서모를 장례 모시고 나니 자신이 평생 한 일 중에 제일 잘한 일 같아서 마음이 편해지더라는 이야기를 듣고 감동했던 적이 있다. 이것이 자식된 도리요, 당연히 해야 할 의무이지만 대부분 이런 현실에서 벗어나려는 것이 우리 모두의 심리다. 지금 힘들다고 피하고 나면 언젠가는 후회할 것을 뻔히 알면서도.

안방에서 들으면 시어머니의 말이 옳고, 부엌에서 들으면 며느리 말이 옳다는 옛말이 있다. 이 말은 객관적으로 보면 다 옳다는 말이기도 하다. 하지만, 새댁도 삼십 년 후면 시어머니가 되고, 또 그 며느리도 똑같은 길을 가게 될 것이다.

칡과 등나무처럼 화합이 어려운 관계이지만, 어차피 한 가문을 이어가야 할 며느리들이라면 서로 상처 주지 말고, 사랑으로 보듬는 연습을 해야 할 것이다. 사랑하며 살기에도 짧은 시간을 갈등으로 허비하지는 말아야겠다. 내 행복을 위해서라도.

(2012. 3)

캘리포니아 일기

2015년 2월 25일

그렇게 그리던 미국행 KE 023편 44J 석이다. 세 자리 중 내 자리는 창측이고 가운데 자리는 비었으며 복도 줄에는 외국인 여자가 앉았다. 한 가족 서비스를 받으니 승무원이 친절하게 안내도 하고 불편한 것이 있으면 언제라도 말하란다. 얼마나 타고 싶던 비행인가. 이 시간을 즐기자 생각하니 하나도 불편할 게 없다. 그저 좋다.

지루해질 무렵 배낭에 넣어간 공지영의 『지리산 행복 학교』를 펴들었다. 재미있다. 비행하면서 읽기에 적당하다. 샌프란시스코 공항 도착하니 현지 시각 같은 25일 오전 9시 20분이다. 짐을 찾아서 나가자 아들이 손을 들어 반긴다.

2월 27일

내 소식을 듣고 홍 집사가 수선화 40송이를 화병에 꽂아서 가지고 왔다. 내 수필 『언제 또 올래』를 가지고 와서 사인해달라면서. 유명인사가 된 기분이었다. 좀 더 잘 써서 부끄럽지 않았더라면 좋았을 것을 했다.

2월 28일(토요일)

미국 온 지 3일째 되는 날이다. 아직 시차 적응이 안 되어 헤매는 중이다. 새벽녘까지 책을 보다가 깜빡 잠이 들었던가 보다. 아들이 노크하면서 "엄마 일어나세요." 하는 소리에 놀라 깼다. 오늘은 처음으로 아들과 여행하는 날이다.

여행은 내가 오기 전부터 산악회 사람들과 예약이 되어있었다. 행선지는 토말레스 포인트 트레일이다. 이곳은 왕복 16㎞쯤 되는 거리다. 세계 사람들이 산티아고를 걷고 싶어 하듯이 이 길도 걷고 싶은 길에 들어간다고 하여 무조건 따라나섰다. 갈 수 있는 만큼만 가다가 정 힘들면 돌아오리라 생각했다.

일단 젊은이들과 함께 트레킹이 시작되었다. 좌측에는 끝없는 태평양이 하늘과 맞닿아 있고, 우측으로는 만을 이룬 바다 건넛마을이 보인다. 이곳은 모래 민둥산이다. 무지 넓은 야생화밭 가운데로 가느다란 외길이 하나 있을 뿐이다. 좌우로 갖가지 꽃밭이다. 무리를 이룬 야생 야크도 지나가는 우리를 구경하는데 경계심 없이 순한 눈빛을 가졌다.

춥지도 덥지도 않은 날씨에, 젊은이들의 박수를 받으며 목적지에 꼴찌로 도착했다. 우리 엄마 대단하다는 아들의 격려를 받으면서.

아들이 산에 다니면서 해본 솜씨로, 작은 압력솥에다 불만 켜면 되도록 쌀을 씻어서 안쳐 가서 밥을 짓고, 참치 통조림을 넣어 김치찌개도 즉석에서 끓였다. 13명의 회원이 내놓은 반찬이 진수성찬이지만, 단연 김치찌개가 인기였다. 이민 생활에 지쳐 삭막할 것 같은데 모두 환한 얼굴이다. 그중 누군가는 내가 온다는 소리를 듣고 쿠키를 직접 구워서 커다란 통으로 하나를 가져와 안겨 주었다. 또 누군가는 책 잘 읽었다고 하면서 집으로 초대하겠단다. 이래저래 기분이 좋아선 지 왕복하고도 또 등대를 보러 갔었다. 아마 적어도 18㎞는 걸은 듯하다.

2015년 3월 1일

삼일절이다. 고국의 안산시립 합창단이 어느 교회에서 공연하는데, 현지 기독합창단도 찬조출연을 하게 되었단다. 안산에서 샌프란시스코까지 와서 공연한다니 반가웠다. 하지만, 아들이 나오는 기독합창단에 더 크게 박수를 쳤다. 귀가 호강한 날이다.

3월 3일

지난번 트래킹 중에 만났던 집사님이 집으로 초대해서 건하게 저녁 식사를 대접받았다. 그 여 집사님이 내 수필집을 자기가 다 읽고 시어머니까지 재미있게 읽었다면서 그 연세에 어떻게 책을 내셨느냐고 대단하단다. 책을 가지고 와서 사인을 부탁해 졸필로 사인도 해주었다. 공연히 부끄러웠다.

3월 6일

미국에 온 지 9일 만에 아들 집 산 라몬에서 은숙이 집이 있는 브엔나 팍으로 가는 날이다. 내일 필상이 결혼식이 있어서다. 아침 10시쯤 출발해서 5번 고속도로를 달린다. 끝이 보이지 않는 포도밭과 오렌지, 호두 밭고랑이 쭉쭉 뻗어있다. 어둑해서 LA에 도착, 손자와 손녀를 만나서 저녁을 먹고 브엔나 팍으로 갔다.

3월 7일

오늘은 필상이 결혼식 날이다. 새벽 2시에 깨어 영 잠이 오지 않았다. 책꽂이에서 최정재의 『당신 바보 같아, 그래도 사랑해』라는 책을 꺼내서 보았다. 그러면 잠이 오려나? 하고. 그런데 거기 이런 글이 있었다.

사랑의 유효기간

"유효기간이란 게 우리에게도 꼭 있어야 한다면 하나님에게 한 천 년쯤 해달라고 할까? 너무 큰 욕심이라고 안 들어주시겠지? 그러면 할 수 없지 뭐. 이건 내 생각인데 말이야 우리 사랑은 일 년에 한 번씩 갱신해 달라고 하자. 일 년의 마지막 날 딱 하루만 헤어져 있다가 새해 첫날부터 다시 일 년을 시작하게 해달라는 거 어때 좋은 생각이지?"

3월 8일

어제 필상이 결혼식을 끝내고 8명이 승용차 두 대에 나누어 타고 네 시간 반을 달려서 새벽에 라스베이거스에 도착했다. 그 시간에도 젊은 사람들은 카지노에서 놀고 우리 셋은 호텔에 들었지만, 잠은 오지 않았다. 새벽에 들어와 자다가 늦게 일어나 아점을 먹고 우리 몇몇만 구경에 나섰다. 라스베이거스의 낮은 밤처럼 화려하지도 매력적이지도 않다. 온몸에 페인팅 한 예쁜 여자와 2불을 넣고 사진 몇 장 찍고 조금 돌다가 들어왔다. 저녁을 바닷가재로 배불리 먹고 일찍 쉬기로 했다. 그런데 밤 2시가 넘어서 조카들이 집으로 간단다. 원래 우리 셋은 3박 4일 하기로 했는데 마음이 흔들렸다. 아쉬움을 안고 밤중에 돌아왔다. 그래서 필상이 결혼식 뒤풀이는 밤으로의 여행이었다.

3월 9일

필상이 엄마와 아빠가 우리를 데리고 바닷가로 나갔다. 5번 고속도로를 타고 샌디에이고 쪽으로 약 1시간쯤 달리니 태평양 푸른 바다가 코앞에서 넘실댄다. 쪽빛 바닷가 멋진 카페에서 커피도 마시고, 내가 좋아하는 야자수를 배경으로 사진도 찍으며 즐기다가 점심을 사줘서 먹고 돌아왔다.

3월 10일

은숙과 미스터 리가 우리를 LA에서 이름난 태국 전통음식점에서 점심을 사주었다. 나는 잡식성이기도 하지만 못 먹는 음식이 없어서 향이 짙은 실난초도 맛있게 먹었다. 그것을 보고 아이들이 놀란다.

3월 11일

필상이 아빠와 함께 발렌시아에 사는 은영이네로 갔다. 은영이를 따라 근교의 미술관에 갔다. 서너 동이 다른 모습의 명화들로 가득하다. 이 미술관은 어느 미술 애호가가 전 재산을 투자하여 명화를 사들이고, 미술관을 개관하여 국가에 헌납한 것이란다. 그래서 그런가? 입장료도 받지 않았다. 저녁은 은영이네 집에서 스테이크로 즐겼다. 은영이네 집은 2층으로 되어 있으며 은영이의 성격만큼 예쁘고 깔끔하게 꾸며놓았다.

3월 12일

은숙이 집 뒤 빨래방 가는 길에는 야자와 바나나 나무가 있었다. 한 나무에 바나나 네 송이나 달려 있다. 바나나 송이 아래로는 진자주색 꽃이 늘어졌는데 속에는 노란 꽃술이 삐죽이 나와 있다. 바나나꽃을 이렇게 가까이서 보기는 처음이어서 셔터를 눌렀더니, 아이들은 그게 뭐 신기하냐는 투다. 스프링클러가 수시로 물을 주어서 그런지 가물고 메마른 땅에서도 식물원과 같이 싱싱하다.

3월 14일

빅 베어 마운틴에 갔다. 이곳은 한라산보다 높다. 해발 8천 피트가 넘는 곳인데 올라가 보니 우리나라 한강 같은 호수가 있다. 그리고 거기서부터는 평지이며 도시가 들어앉았다. 빅 베어란 이름은 캘리포니아 지도가 큰 곰처럼 생긴 데서 유래했단다. 곰과 인디언과 카우보이의 동상 앞에서 기념사진을 찍고, 맥도널드에서 햄버거로 점심을 먹었다.

돌아오는 길에는 '팜 스프링 에어리얼 트램웨이'로 향했다. 이곳도 빅 베어만큼 높은 돌산이다. 다른 일행은 왔던 곳이라 남아있고, 필상 아빠와 나만 케이블카를 타고 올라갔다. 천천히 360도 회전하면서 올라간다. 정상에 오르니, 뒤편에는 빅 베어처럼 아주 평화로운 평지가 펼쳐진다. 내 팔로 감싸 안아 두 아름쯤 되는 큰 소나무가 수문장처럼 섰다. 이렇게 큰 소나무는 처음 본다. 숲으로 이어진 트래킹 코스도 여럿 있다. 여기는 휴양지로 이름난 곳이란다. 산 정상에는 눈이 하얗게 쌓였다.

괴기한 돌산 아래는 가도 가도 끝없는 모래사막인데, 수천 미터 산꼭대기에는 살기 좋은 낙원이라니. 세상에는 내가 알 수 없는 일들이 허다함을 본다.

3월 15일

은숙이 집에서 30여 분 떨어진 롱비치로 갔다. 롱비치는 항구도시다. 세계에서 선적한 컨테이너가 이곳으로 들어온단다. 그래선지 관광객도 많지만, 항구도시의 흥청거림도 보인다. 저녁에는 필상이가 신혼여행에서 돌아와 LA에 있는 용궁이라는 중식점에서 요리를 사주었다. 사돈댁까지 모였다. 잠시 신혼집에 들러 살림 구경도 하고 축복 기도도 하고 다시 은숙이 집으로 돌아왔다.

3월 20일

할리우드로 향하는 길이다. 할리우드는 로스앤젤레스 중심가의 북서쪽에 있다. 유명배우들의 이름과 손도장, 발도장이 찍혀있는 스타의 거리로 갔다. 대한민국의 영화배우 안성기와 이병헌의 손도장과 사인도 있었다. 전 세계인이 몰리는 곳에서 우리 배우들의 이름을 만나니 반가웠다. 마릴린 먼로가 풍만한 가슴을 드러내고 활짝 웃는 사진 앞에서 짓궂은 사내처럼 그의 젖가슴에 손을 얹고 사진을 찍었다.

3월 21일

LA로 가는 길에 수정 교회를 들렀다. 수정교회는 가든 그로브에 있는 개신교다. 지나다니며 하도 크고 수정처럼 빛나는 종탑이 멋져 보여서 들어가 보고 싶었다. 교회 건물은 실제로 수정으로 지은 것이 아니고, 만 개가 넘는 네모진 유리를 실리콘 접착제로 붙였다고 한다. 하지만, 8.0의 강진에도 견딜 수 있도록 설계되었단다. 교회 건물도 크지만, 대지가 얼마나 넓은지 정문에서 주차장까지 가는데도 차로 한참 걸렸다. 화장실도 얼마나 고급자재로 꾸몄던지 별 5개짜리 호텔 화장실보다 화려했다.

3월 22일

은숙이네 아이들 셋을 데리고 롱비치로 갔다. 롱비치에는 잔디 동산이 있고, 동산 꼭대기에는 하얀 등대가 있는데 멀리서 보면 아주 아름답다. 은숙이는 딸만 셋을 두었다. 큰애

예원이는 예수님이 원하시는 아이로 자라라고 지어준 이름이고, 예진이는 예수님처럼 진실하게 살기를 소망했으며, 예슬이는 예수님처럼 슬기롭고 총명하라고 지어준 이름이란다.

3월 23일

오늘도 또 은영 엄마가 우리를 데리고 LA로 나왔다. 파머스 마켓이라나(?) 아무튼 명물 시장이다. 없는 것이 없고, 볼거리도, 음식점도 대형 쇼핑몰도 즐비하다. 시장을 골목골목을 구경했다. 점심은 내가 먹고 싶은 것을 골라 담아서 저울에 달아 계산하고 먹는 식사였지만, 맛은 그만이었다.

백화점 근처 책방에도 들렀다. 그리고 2층으로 된 전차도 탔다. 약 1㎞쯤 될까 하는 도시의 중앙 거리를 누구나 무료로 타고 감상할 수 있다. 한 량이 정해진 도로를 앞으로 갔다 뒤로 갔다 하는 것이다. 올 때는 걸어서 잔디광장으로 왔다.

잔디광장에는 가판대 같은 곳에 빨간 담요를 차곡차곡 비치해 놓았고, 누구든지 가져다가 잔디에 깔고 앉거나 누워서 놀다가 갈 때는 수거함에 넣어주면 되게 했다. 모두 관광객을 위한 서비스다. 참 재미있는 도시다. 그렇게 부강하고 서비스 좋은 나라지만, 공중화장실 없는 것이 흠이다. 큰 건물도 화장실을 개방하지 않아 불편했다. 저절로 우리나라 공중화장실 문화를 떠올리며 자부심을 느꼈다.

3월 27일

어제 은영이네 집으로 우리 일행이 모였다. 오늘은 은숙이가 아이들 셋을 데리고 오고, 우리는 은영이 차를 타고 산타바버라로 갔다. 그곳은 은영이네 집에서 샌프란시스코 쪽으로 두어 시간 올라가야 된다. 우리는 이름난 이탈리아 식당에서 내가 좋아하는 라자냐와 스파게티로 점심을 먹고, 인접한 백화점에 들러 아이쇼핑을 즐겼다. 차를 백화점 주차장에 두고 버스로 이동해 산타바버라 해변에서 놀다가 LA로 돌아와 미스터 리가 사주는 샤브샤브로 저녁을 먹고 은영이 집으로 갔다.

3월 29

은영이가 다니는 온누리교회에서 예배를 드린 후 간단하게 교회에서 점심을 먹고, 우정의 종각이 있는 공원으로 향했다. 가면서 보니 바다가 내려다보이는 전망 좋은 곳에 있는 집들은 하나같이 궁전이다. 어마어마한 부자들만 사는 곳이라고 한다. 그래서 그런지 도로도 잘 정비되어있고, 주변은 온통 꽃밭이다.

1974년에 우리나라에서 미국에 기증했다는 '우정의 종'은 태평양을 품고서 고국을 바라보고 있었다. 한국의 전통미를 살려 세워진 종각은 청기와로 지붕을 이었고, 단청으로 채색

했다. 종의 높이는 3.63m, 둘레는 7.25m, 무게는 17t이란다. 이곳에서 우리글 우리 문화를 대하니 반갑기도 하다.

다음으로 찾아간 곳은 웨이퍼러스 채플이다. 바닷가 절벽 위에 있는 이 교회는 레드우드 나무로 기둥을 세우고 사방을 유리로 지은 작은 교회다. 웨딩 명소로도 잘 알려진 곳이다. 워낙 인기가 좋아서 예식을 하려면 여러 달 전에 예약해야 하고, 비용도 만만치 않게 든다고 한다. 여닫이문 두 짝을 열면 세 계단 위 정면 벽에는 작은 나무 십자가가 걸렸고, 십자가 밑에는 커다란 성경책이 펼쳐져있다. 계단 아래 성전에는 네댓 사람이 앉을만한 긴 나무의자가 7~8개가 양쪽으로 나란히 줄지어 있는 것이 전부다. 하지만 그 분위기만은 경건하고 그윽해 보였다. 건물은 사방과 천장까지 유리로 되어있으며, 앞은 태평양이 팔을 벌리고 있다.

그 너른 정원에는 수백 년 된 소나무 숲이 더욱 싱그러움을 선사했고, 분수와 각종 꽃으로 화사한 분위기다. 우리 일행을 마지막으로 입실을 막더니 얼마 있지 않아 퇴실을 요구했다. 부활 주일을 앞두고 고난주간을 맞으며 5시에는 세족 예식이 있단다. 땡땡땡. 준비 종이 울린다. 종소리마저 어찌나 맑고 그윽하던지 예배를 드리지 않았어도 은혜를 많이 받은 기분이었다. 아주 아름다운 교회다.

4월 1일

은영이네 집에서 8일 만에 가든그로부로 왔다. 필상이 엄마 미용실에서 머리를 자르고, 서희 아빠가 주선하여 준 팜스프링(카지노)호텔로 향했다. 호텔의 크기는 라스베이거스와 비교가 안 되지만, 깨끗하고 쾌적하다. 아침에 은영이가 100불, 서희 아빠가 100불, 필상 엄마가 100불 주어서 주머니도 두둑하다. 이제 당길 일만 남았다.

4월 2일

호텔에서 아침을 간단히 먹고 시내 관광에 나섰다. 사방을 둘러봐도 나무 한 그루 없는 사막이다. 햇볕이 따갑다. 중심가로 향했다. 사람도 많고, 볼거리도 많다. 무엇을 파는 곳인지는 모르는데 진분홍색 자동차를 경품으로 내걸고, 자동차 색깔의 비키니를 입은 아가씨가 음악에 맞추어 춤을 추며 선전한다. 무슨 말인지 한마디도 알아들을 수 없지만 대충 눈치로 보아 오늘의 이벤트를 말하는 것 같다. 그 아가씨를 살펴보니 왠지 딱딱한 느낌이 들어서 조카에게 "아가씨가 예쁘지는 않네." 했더니 여장 남자라고 한다. 어쩐지. 아무리 화장으로 예쁘게 꾸몄어도 끌림이 없었다.

4월 3일

팜스프링호텔에서 2박 3일 있다가 집으로 오는 길에는 전에 조카가 살던 리버사이드에 들렀다. 아들이 미국에 와서 처음으로 자리를 잡았던 곳이기도 하다.

4월 4일

황태자의 로맨스로 유명하다는 코로나도섬.

며칠 전에 필상이댁이 "이모할머니 어디가 가고 싶으세요?" 하기에 샌디에이고가 가고 싶다고 했더니, "그럼 모시고 갈게요." 했었다. 그래서 오늘은 필상이 내외가 우리를 데리고 내 손자가 있는 샌디에이고를 가기로 했다. 필상이 결혼 선물로 제 엄마가 사준 새 차를 타고서. 손자를 만나서 같이 점심을 먹고 코로나도섬으로 향했다. 나는 내 손자 차를 타고.

육지와 섬을 이어주는 긴 다리를 건너니, 호텔 코로나도가 태평양을 배경으로 높게 올라앉았다. 호텔 앞 야외 레스토랑에는 앉을 자리가 없다. 해변에도 인산인해다. 바닷물에는 물결 따라 사금이 반짝이고 있다. 아마 서부영화에서 금광을 찾아 헤매던 데가 이쯤이 아니었나 싶다. 그곳에서 놀다가 나와 샌디에이고에서 제일 유명하다는 바비큐 집에서 1시간 30분을 기다려서 필상이가 사준 갈비구이로 저녁을 먹었다. 인내심으로 기다린 만큼 맛도 있었다. 손자와 헤어져 집에 오니 오밤중이다. 필상이 덕에 호강한 날이다.

4월 6일

LA에서 수완이를 만났다. 수완이의 생일이 12일인데 그때는 내가 크루즈여행 일정이 잡혀서 미리 만나기로 했다. 북창동 순두부 집에서 점심을 사주고, 언니가 50불, 내가 50불 주어 보냈다.

4월 8일

어제도 필상이 엄마가 와서 스시집으로 데려가 점심을 사주었는데, 오늘 또 와서 갈비탕을 사주고 롱비치로 가서 놀다 왔다.

4월 11일

아이들과 스타벅스에서 브로콜리 수프와 빵으로 아침 식사를 했다. 점심은 아이들이 좋아하는 50불짜리 피자로 때웠다. 필상이댁이 신혼집에서 어른들만 저녁을 해준다고 초대해서 갔었다. 저녁을 먹고 오려고 하는데 필상이 엄마가 크루즈 여행 때 쓰라고 200불, 필상이가 300불을 주었다. 그동안 조카와 손녀딸한테 얻어 쓴 돈이 1,200불이나 된다.

4월 13일

드디어 크루즈 여행을 떠나는 날이다. 이 여행도 필상이 아빠가 한국에서 카드로 결제하고, 우리 셋은 즐기기만 하라고 마련해 준 것이다. 언니, 조카, 나. 롱비치 선착장에 도착하니 다이애나비의 커다란 사진이 내걸린 퀸메리호 옆에, 우리가 타고 갈 카니발(Carnival)이 정박해 있다. 긴 줄을 서서 기다린 끝에 승선했다. 유람선의 크기에 놀라고, 수천의 사람에 놀랐다.

배의 중간 복도에는 엘리베이터가 있고 이쪽저쪽 객실 수만도 548실이다. 똑같은 복도가 두 개가 있느니 합치면 한 층만도 1천이 넘는다. 거기에 2인 1실만 해도 배에 탄 사람이 얼마인가.

9층에는 레스토랑과 미술관 및 카지노와 상점이, 10층은 야외 수영장과 스파와 야외무대가, 뒤쪽으로는 뷔페식 식당이 있다. 그 많은 인원이 밥을 먹고 놀 수 있는 시설과 물자가 실려 있으니 어마어마할 수밖에.

4월 14일

카타리나 섬 일출을 보려고 아침 6시 30분에 밖으로 올라가 보니 이미 해는 한 발이나 떠올라 구름 속에 숨어있다. 카니발은 엊저녁 5시에 출발해서 밤새 달려와 카타리나 섬 근처에 정박해 있었다. 우리는 아침을 먹고 9시 30분에 작은 유람선으로 갈아타고 5분쯤 달려가서 섬에 내렸다. 여기서는 자유 여행이다. 버스를 타고 섬의 이모저모와 인근 마을을 돌아보는 것이 전부였다. 언니와 조카는 힘들다고 앉아있고, 나는 거기서도 혼자 놀았다. 바닷가에 그려놓은 벽화도 보고 한 바퀴 돌아서 왔다. 지나가는 외국인에게 부탁해서 바다와 야자수를 넣고 사진도 찍었다. 여행은 누구와 갔느냐도 중요하지만, 혼자서도 즐길 수 있어야 여행이다.

4월 15일

아침에 일어나 보니 카니발은 멕시코 땅에 정박해 있었다. 배에서 내려 입국 심사를 마치고 버스로 이동하여 어느 바닷가에 내렸는데 완전히 관광객을 겨냥한 상가 밀집 지역이었다. 별로 살 것도 없지만 기념품 몇 개 사고는 전통 복장을 한 원주민이 악기를 들고 춤을 추기에 1불을 내고 사진을 찍었다. 그냥 뻣뻣하게 서서 찍는 것이 재미없어 춤추는 흉내를 내면서. 재미있어 보였던지 지나가던 사람들이 모여들었다.

기왕에 멕시코에 왔으니 멕시코 음식을 먹어보자고 먹었는데 정말 맛이 없었다. 멕시코 여행은 싱겁게 끝이 났다. 다시 돌아와 카니발 레스토랑에 앉아 창 너머로 지는 해를 바라다보며 저녁을 맛있게 먹었다.

4월 16일

사방이 망망대해인 갑판에서 보는 일출은 어떨까 해서 올라갔더니 또 놓치고 말았다. 그런데 잔잔한 바다에 무언가 검은 것이 움직이고 있었다. 물 위로 올라왔다 들어갔다 하는 모습이 고래 같았다. 갑판 위를 몇 바퀴 돌고 내려왔다.

아침을 먹고 11시쯤 수영장으로 나갔다. 고막을 찢는 음악과 함께 남녀노소 검은머리, 노랑머리, 흰머리, 빨강머리 할 것 없이 다양한 인종이 피부색에 구애받지 않고 벌거벗은 채 스파를 즐기고 있다. 온몸에 문신한 것도 여기서는 아무렇지 않다. 문신도 남녀 구분이 없다. 보는 것만으로도 머리 흔들린다.

오늘이 크루즈에서의 마지막 밤이다. 저녁을 레스토랑에서 레드와인도 곁들여 먹었다. 먹는 즐거움도 만만치 않았다. 식사가 끝나갈 무렵이다. 레스토랑의 직원들이 모두 나와서 인사를 하고 이벤트로 춤을 춘다. 싸이의 강남스타일 말춤이다. 세계인이 모인 자리다. 그들도 말춤을 아는 듯 박수가 쏟아졌다. 어깨가 으쓱했다.

4월 17일

밤새 달려온 카니발은 13일 우리가 떠났던 자리로 돌아와서 아침을 맞았다. 입국 심사를 마치고 기분 좋게 나오니 오서방이 차를 가지고 와서 기다리고 있었다. 우리는 아이들의 만류에도 불구하고 샌프란시스코로 향했다. 미국에 와서 매일 과식을 하다 보니 장염이 도진 것 같았다. 내친김에 나를 데려다주겠다는 것이었다. 그래서 LA에 간 지 42일 만에 아들네로 돌아왔다.

새벽에 들어와 한잠씩 자고는 샌프란시스코 구경에 나섰다. 금문교와 시내를 둘러보고 깔딱 고개도 넘었다. 바닷가 야구장 근처를 지날 때였다. 여남은 대의 자전거 행렬이 지나가는데 모두 옷을 벗은 나체들이다. 동성애자들이란다. 보란 듯이 고추를 안장 위에 올려놓은 채 자전거를 타고 있다. 그중에는 여자도 두 명 있었다. 여자는 팬티만 입었다. 샌프란시스코는 동성애가 합법적이라더니 별꼴 다 보겠다.

4월 18일

은영 엄마가 하룻밤 자고는 LA로 가겠단다. 나도 엄청 피곤하다. 가다가 점심이나 먹으라고 100불을 주어 보냈다. 이렇게 여러 날 여행하기는 생전 처음이다.

5월 6일 유시버클리

샌프란시스코에서 가까운 '유시 버클리 보태니컬 가든'에 갔다. 이 식물원은 매월 첫째 수요일은 무료입장이란다. 볼거리가 많아서 서둘러야 한다기에 일찍 나섰더니 10시 20분에 도착했다. 이 대학이 농과대학으로 유명해선지 다양한 식물이 분포된 식물 정원이다. 처음 보는 꽃도 나무도 많다.

특히 원숭이의 손이라는 식물의 잎은 정말 손가락 다섯 개 같이 통통하게 생겨서 놀라웠다. 중국 정원과 일본 정원도 예쁘게 꾸며 놓았다. 우리나라 정원에는 토종 소나무와 오죽을 심었고, 고향에서 보던 식물들이 있어 반가웠다. 오는 길에는 스시 집에서 점심을 먹었는데 아주 맛있었다. 손자 손녀가 오면 사주어야겠다.

5월 10일

오늘은 어제 토말레스 포인트를 두 번째 가면서 만났던, 조현종 씨 부부가 점심을 사겠다고 해서 세 시간여를 달려가 그들을 만났다. 카지노 뷔페인데 마더스 데이라고 카지노는 만원이었다. 예약하지 않은 사람은 2시간을 기다려야 먹을 수 있었다. 미국에서는 5월 둘째 일요일이 어머니날이고, 셋째 일요일은 아버지날이다.

그의 부인과 우리 아들이 고등학교 동창이기도 하고 머나먼 이국에서 만나 각별히 친하게 지내는 모양이다. 어제 만났을 때 내 책을 보고 싶다고 해서 사인해다 주었다. 그들은 결혼 30년에 한 번도 싸운 적이 없다고 한다. 점심을 먹고 5

시경에 그들과 헤어져 한 시간을 넘게 산길을 달려서 레익타호를 보러 갔다. 해발 1.800m가 넘는 산꼭대기에서 레익타호를 내려다보는 것이다. 만을 이룬 U자형 호수에 둥그런 섬 하나가 동동 떠 있었다.

미국을 대표하는 소설가 '마크 트웨인'은 "이 호수를 지구상에서 가장 아름다운 그림이다."라고 극찬했다고 한다. 정말 그랬다. 동서로 12마일이나 된다는 레익타호가 워낙 높은 곳에서 내려다보니 배꼽처럼 보인다. 지는 해를 잡고 싶었다. 어디든지 어미의 손을 잡고 이끌어주며, 더 좋은 것을 보여주려고 해발 2천 미터를 오르내리며 13시간 운전 끝에 집에 도착한 시간은 새벽 2시가 넘어서였다. 아들에게 미안하기도 하고 고맙기도 했다.

여행이란 새로운 것을 보고 좋은 생각으로 나를 다듬는 시간이다. 끈끈한 인연으로 이어진 여러 사람 덕에 참 많은 곳을 여행했다. 새삼 인연의 소중함을 느낀다.

(2015. 6)